Goldene Regeln
des Glücks

Anselm Grün

GOLDENE REGELN DES GLÜCKS

Herausgegeben von
Christian Leven

HERDER

FREIBURG · BASEL · WIEN

© Verlag Herder GmbH, Freiburg im Breisgau 2012
Alle Rechte vorbehalten
www.herder.de

Gesamtgestaltung und Satz: Tina Lechner Grafik & Buchdesign, Stuttgart
Herstellung: fgb · freiburger graphische betriebe
www.fgb.de

Gedruckt auf umweltfreundlichem, chlorfrei gebleichtem Papier
Printed in Germany

ISBN 978-3-451-30634-1

Inhalt

Die Redewendung »ora et labora«, bete und arbeite, ist vielen Menschen bekannt. Das Wort stammt aus der Ordensregel der Benediktiner. Dieses Regelwerk hatte Benedikt von Nursia, geboren um das Jahr 480 und frühestens 547 gestorben, für seine Gruppe von Mönchen in Monte Cassino geschrieben. Ein Vorwort und 73 klare, relativ kurze Anweisungen legen fest, was in seiner »Schule, um dem Herrn zu dienen« beachtet werden muss. Benedikt hat kein Regelwerk für »Klostermanager« geschrieben, doch auch heute noch könnte sich ein Unternehmer, Personalchef oder Gruppenpsychologe von der Weisheit und Aktualität dieser Regeln inspirieren lassen. Das Regelwerk ist ein Musterbeispiel für Einfühlungsvermögen, Vernunft und Augenmaß, dessen Auswirkungen bis in weite Bereiche unseres europäischen Verständnissen vom rechten Umgang miteinander nachzuweisen sind. Aus »ordo«, die Reihenfolge, Regel, wurde schließlich der Orden.

Anselm Grün hatte sich schon als Gymnasiast entschlossen, in ein Kloster einzutreten. Die Jesuiten interessierten ihn wegen ihrer hohen Intellektualität. Doch dann trat er direkt nach dem Abitur in Würzburg in den Orden der Benediktiner ein, und er wurde Novize in der Abtei Münsterschwarzach. Von 1965 bis 1971 studierte er Theologie und Philosophie in St. Ottilien und in Rom. Drei Jahre später promovierte er zum Doktor der Theologie; seine Dissertation hat er über den großen deutschen Theologen und Jesuiten Karl Rahner geschrieben. Gleich anschließend, von 1974 bis 1976, studierte Anselm Grün Betriebswirtschaft in Nürnberg. Am liebsten hätte er sich in seinem Kloster von nun an ganz dem geistigen Leben gewidmet und spirituelle und lebenshelfende Bücher geschrieben, so sagte er einmal in einem Interview. Doch sein Abt übertrug ihm die Verantwortung für die Wirtschaft des Klosters. Eine Aufgabe, die gut sei, gegen geistigen Hochmut.

So musste Anselm Grün nach Wegen suchen, beides miteinander zu vereinbaren. Aber schließlich haben ja die Mönche »die Zeit« erfunden: Vor ihrer Strukturierung des Tages durch Gebet und Arbeit, Essens- und Ruhepausen, aus dem sich das lineare Zeitverständnis entwickelte, orientierten sich die Menschen bis dahin nur am Sonnenauf- und -untergang, an Tag und Nacht und an den Jahreszeiten. Heute ist in den meisten Klöstern der Tag von 5 Uhr in der Frühe bis 20 Uhr am Abend genau strukturiert; er schließt insgesamt fünf Gebetszeiten einschließlich Gottesdienst und zwei je vierstündige Arbeitszeiten und eine einstündige Rekreationszeit am Mittag und am Abend ein. Immer wieder weist Anselm Grün auf die hilfreichen Strukturen der Tageseinteilung hin: das Miteinander von Gebet und Arbeit, Zurückgezogenheit und Gemeinsamkeit, das ist für ihn kein Zwang, sondern ein gesunder Rhythmus, der zum Einklang mit der Zeit führt. So unterliegt auch das Schreiben seiner Bücher einer strengen Disziplin: dienstags und donnerstags schreibt er je zwei Stunden lang, morgens von sechs bis acht Uhr.

Obwohl er wöchentlich nur vier Stunden Zeit zum Bücherschreiben hat, sind doch seit den 1970er Jahren fast vierhundert spirituelle Bücher entstanden, die in dreißig Sprachen und in mehr als 15 Millionen Exemplaren verbreitet sind. Das zeichnet Pater Anselm Grün als den beliebtesten Verfasser geistlicher Bücher aus. In einfacher Sprache erinnert er die Menschen an ihre Quellen innerer Kraft, an das Göttliche in ihnen. Nicht nur die Bibel und die Schriften der Philosophen, der Kirchenväter und der Mönchsväter inspirieren ihn, sondern auch die moderne Psychologie. Aus diesen Quellen schöpft er und reicht mit seinen Büchern diese »lebendigen Wasser« den oft erschöpften und nach Sinn dürstenden Lesern weiter. Dabei missioniert er nicht, predigt nicht den katholischen Glauben, sondern er geht aus christlichem Mitgefühl und Sorge um die Menschen auf sie zu. Er will sie wieder »zum Leben erwecken«, will ihnen helfen, die durch Wettbewerb, Konkurrenzkampf, Konsumstreben, Arbeitsstress und das Tempo des modernen Lebens nicht mehr beachteten oder gar durch Trauer und Leiden verschütteten Zugänge zur eigenen Seele wieder freizulegen. Sein Christentum ist gelebter Glaube an Gottes Liebe zum Menschen. Sie wird lebendig und wirkt nur in der Brüderlichkeit zwischen Menschen, und sie wird erfahrbar in der eigenen Seele. Seine Bücher sind keine moralischen Schriften, kein Zeigefinger wird zur Mahnung erhoben. Aber er sagt, was zum Guten führt. Seine Sprache bewertet nicht und drängt sich nicht auf. Er gaukelt keine heile Welt vor. Immer wird der Leser in seinen alltäglichen Lebenssituationen angesprochen und abgeholt und, um es bildhaft zu sagen, zu einem geistigen Spaziergang eingeladen, bei dem ihm die Alternativen, die Freuden und die Schönheiten des Lebens anschaulich gemacht werden – und vor allem wird er mit seinem eigenen seelischen Potenzial in Berührung gebracht. Anselm Grüns Spiritualität führt in den Alltag und nicht von ihm weg. Deshalb braucht er auch keine abgehobene Sprache. Das Leben ist hier und jetzt, hier muss es gelebt werden, hier ist der Mensch bestrebt, sein Glück zu finden, hier muss er in Einklang kommen mit dem, was ist, und hier kann er auch zur inneren Freiheit finden. Die Sehnsucht nach etwas Größerem, eine Sehnsucht, die über ihn selbst hinausweist, die ist in jedem Menschen, davon ist Pater Anselm Grün überzeugt. »Ein Mensch, der nur funktioniert, der nicht beseelt ist, ist eigentlich tot«, sagte er in einem Interview. Sich seiner Seele und der ihr innewohnenden Kraft bewusst zu sein bedeutet zu wissen, dass ich mehr bin als jemand, der nur funktioniert. Der ist wirklich lebendig, dessen Leben »beseelt« ist. Die Religion hat darum die Aufgabe, diese Sehnsucht nach dem ganz anderen wachzuhalten, um so in der Gesellschaft dazu beizutragen, dass der Mensch nicht von Konsum- und Verhaltenszwängen, von Politik und Wirtschaft vereinnahmt wird. Seine Bücher wollen dem Leser helfen, mit sich selbst ins Reine, Klare, mit seiner Seele in Einklang zu kommen. Dann wird er für sich die Antwort finden auf die Fragen: Wer bin ich selbst? Was ist das Ursprüngliche, Einmalige, Authentische in mir? Seine Bücher zeigen, wohin es den Menschen führt, wenn es ihm gelingt, sein seelisches Potenzial zu entwickeln. Dann findet er heraus, was für ihn wirkliche Bedeutung hat, was für ihn wertvoll, was voller Wert ist.

Das ist nicht in erster Linie Geld oder Reichtum. Denn auch davon versteht Anselm Grün als der Cellerar des Klosters sehr viel. Das klösterliche Unternehmen hat etwa 280 Angestellte in 20 Wirtschaftsbetrieben, die Landwirtschaft, Bäckerei, Metzgerei, Gold- und Silberschmiede, Metallverarbeitung, Druckerei und einen Verlag, ein Gymnasium und das Bildungshaus umfassen. Das Kloster muss sich komplett selber tragen. Wirtschaftlicher Sachverstand und Planungssicherheit sind nötig. Seit 1979 ist Pater Anselm Grün für die wirtschaftlichen Geschicke des Klosters verantwortlich, und er muss sich darum auch mit den Fragen der Investitionen und der Geldanlage befassen. Natürlich entscheidet er nicht alles allein, der Konvent und der Abt haben auch ein Wort mitzureden. Das Thema »Kloster und Geld« ist auch für Wirtschaftsfachleute von Interesse, die oft Getriebene der aktuellen Börsenentwicklung, der Globalisierung und des Renditestrebens sind. Sie laden ihn häufig zu Vorträgen und Seminaren ein. Dort erklärt er den Unternehmern und Bankmanagern sein Verständnis vom Umgang mit Geld und mit Menschen. Alle seine Buchhonorare gehören nicht ihm, sondern dem Kloster. Er fährt grundsätzlich einen ehemaligen Unfallwagen, solange der sich bewegen lässt. Er selbst hat sich innerlich frei vom Geld gemacht. Das Geld muss dienen. Gerechtigkeit, Tapferkeit, Maß und Klugheit sowie den Glauben an das Gute im Menschen, Hoffnung und Liebe versucht er seinen Zuhören als Werte für ihr unternehmerisches Denken und Handeln nicht nur in der Wirtschaftlichkeit, sondern auch im menschlichen Miteinander eines Unternehmens zu vermitteln. Hier erklärt er ihnen, was Wert-Schöpfung im benediktinischen Verständnis bedeutet. Nicht immer mehr Geld anzuhäufen macht das Leben wertvoll, sondern nur der, der Werte hat, dessen Leben ist wertvoll. Dann hat er Maßstäbe und Entscheidungshilfen, die ihm das Leben leichter machen, die ihm helfen, achtsam zu leben. Denn jeder Tag bringt neue Einsichten, neue Herausforderungen und neue Möglichkeiten. Niemand ist an seine Vergangenheit geknebelt. Jeder kann seine Sehnsucht befragen und jeder kann jeden Tag neu anfangen, in jedem Alter. Denn in jedem Augenblick ist Anfang.

Christan Leven

I

Werden, wer ich bin

Worum es eigentlich in unserem Leben geht, ist dies: fähig zu werden, unser eigenes Leben zu leben, damit es zu einer nährenden Quelle für andere wird. Tag. 95

Selbstwerdung

Wir haben Bilder von uns, wie wir sein möchten. Und wir sehnen uns danach, diese inneren Bilder zu verwirklichen. Wir möchten gelassen sein, freundlich, beherrscht, diszipliniert, lebendig, frei, offen. Wir möchten voller Liebe sein. Doch dann erleben wir immer wieder schmerzlich, wie durchschnittlich wir sind, hin- und hergerissen zwischen Liebe und Hass, zwischen Disziplin und Disziplinlosigkeit, zwischen Freundlichkeit und Griesgram, zwischen Lebendigkeit und Starre. Wohl unser ganzes Leben sehnen wir uns danach, zu wachsen, reifer zu werden, zufriedener, ausgeglichener, liebender.

Indem ich mich danach sehne, der zu sein, der ich sein könnte, strecke ich mich nach dieser innerlich erblickten Gestalt aus. Wenn Sehnen von der Sehne kommt, die sich ausstreckt und anspannt, dann eröffnet sich hier eine neue Sicht: Die Sehnsucht lehrt mich dann das innere Wachsen, damit ich mehr und mehr in das Bild hineinwachse, das ich von mir entworfen habe. Allerdings muss ich mein Bild von mir immer wieder daraufhin überprüfen, ob es meinem Wesen entspricht, oder ob es eine Illusion ist, mit der ich der eigenen Wirklichkeit entfliehen möchte. *Sehnsucht, 74f*

Lebensaufgabe

Es kommt nicht darauf an, dass wir nach außen hin sicher auftreten können, sondern dass wir ein Gespür für unseren unantastbaren Wert bekommen und uns in unserer Einmaligkeit selbst annehmen. Annahme seiner selbst hat etwas mit Demut zu tun, mit humilitas, mit dem Mut, seine eigene Menschlichkeit anzunehmen. Für mich hat nur der ein gesundes Selbstwertgefühl, der sich auch erlaubt, schwach zu sein, der mit Humor seine eigenen Schwächen anschauen kann. Aber es ist oft ein langer Weg, sich mit all dem auszusöhnen, was wir in uns entdecken. Je intensiver wir mit andern zusammenleben, desto stärker entdecken wir unsere Schattenseiten, die verdrängten Bedürfnisse, die unterdrückten Gefühle. Wir können nie sagen, dass wir uns angenommen haben. Es ist ein lebenslanger Prozess. *Herz, 107*

Die Sehnsucht lehrt mich dann das innere Wachsen, damit ich mehr und mehr in das Bild hineinwachse, das ich von mir entworfen habe.

Von einmaligem Wert

Um sich selber annehmen zu können, muss man das Vergleichen lassen. Solange ich mich mit andern vergleiche, bin ich immer im Nachteil. Es gibt immer irgendwelche Begabungen, die andere haben und ich nicht. Wenn ich vergleiche, bin ich nicht bei mir, da lebe ich immer nur im Vergleich zu anderen. Es kommt aber darauf an, bei mir zu sein, mich anzunehmen, mich gerne zu haben. *Herz, 301*

Selbstbeherrschung

Weil Disziplin und Ordnung früher übertrieben wurden, haben wir jahrzehntelang die Disziplin eher vernachlässigt. Wir dachten, ohne Disziplin auskommen zu können. Damit haben wir aber etwas vom alten Lebenswissen preisgegeben: Ein Mönchsspruch lautet: »Wer ohne Methode kämpft, kämpft vergeblich.« Um auf dem Weg des Lernens und des Erwachsenwerdens weiterzukommen, braucht man klare Methoden. Ohne Disziplin leidet der Mensch an sich selbst, an seinem inneren und äußeren Durcheinander. Hildegard von Bingen spricht davon, dass uns die Disziplin dazu führen möchte, uns immer und überall freuen zu können. In der Disziplin lernen wir, unser Leben in die Hand zu nehmen, es zu gestalten und zu formen. *Sehnsucht, 135*

*Um sich selber annehmen zu können,
muss man das Vergleichen lassen.*

Falscher Ehrgeiz

Ein gewisser Ehrgeiz ist etwas Positives, insofern er uns
hilft, uns anzustrengen, damit wir unsere Fähigkeiten
entfalten. Aber Ehrgeiz kann zu einem inneren Gefäng-
nis werden, aus dem wir nur schwer zu entrinnen vermögen. Das deutsche Wort Ehrgeiz kommt von Gier:
Gier nach Ehre, nach Ansehen, nach Anerkennung
und Berühmtheit. Wer sich davon treiben lässt, der
verliert den Kontakt mit sich selbst und mit dem, was
er gerade tut. Er wird von der Gier getrieben. *Tag. 21*

*Ich bin wertvoll
auch in meiner Unsicherheit.*

Selbstvertrauen

Selbstbewusst kann ein Mensch auch auftreten, wenn
er ein geringes Selbstwertgefühl hat. Er verdeckt dann
sein schwaches Selbstwertgefühl mit selbstbewusstem
und selbstsicherem Verhalten. Aber weil ich weiß, dass
ich als Mensch einen unantastbaren, göttlichen Wert
habe, darf ich mich annehmen, wie ich bin. Ich bin wertvoll auch noch in meiner Unsicherheit und in meinen

Hemmungen. Während der Selbstbewusste sich keine Schwäche leisten darf, erlaubt mir das Selbstvertrauen, auch schwach zu sein. Das Selbstwertgefühl bläht sich nicht auf, es ist vielmehr das Gefühl für den eigenen Wert in allen Schwächen und Grenzen. *Herz, 44*

Was mir entspricht

Der einzige Weg zum Einklang mit mir selbst ist der Verzicht auf all das, was nicht meinem wahren Wesen entspricht. Ich soll mir keine Sorgen machen um das, was mir nicht entspricht. Es genügt, ganz der zu sein, der ich bin. *Einklang, 105*

Mich selber annehmen

Was uns am meisten hindert, mit uns in Einklang zu kommen, ist die Ablehnung gegenüber so vielem, was wir in uns wahrnehmen. Wir haben ein so hohes Ideal-bild von uns, dass wir uns schwertun, uns mit unserer Realität auszusöhnen. Friedrich Nietzsche sagt zu sol-chen Menschen, die sich nicht verzeihen können, dass sie so sind, wie sie sind – und vermutlich auch zu sich selbst: »Wirf das Missvergnügen über dein Wesen ab! Verzeihe dir dein eigenes Ich!«

Wie soll das geschehen, mir mein eigenes Ich verzeihen? Ich kann doch nichts dafür, dass ich so bin, wie ich bin. Doch in meiner Seele entdecke ich Vorwürfe gegen mein Ich. Ich kann mir nicht vergeben, dass ich diese Schwächen habe, diese Eigenschaften, die ich gar nicht an mir mag. Doch erst wenn ich mir selbst vergeben

kann, verlieren diese vermeintlichen Schwächen ihre
destruktive Kraft. Wenn ich mir vergebe, wandeln sich
meine Schwächen auf einmal in Stärken um. Dann
wird mein mangelndes Selbstvertrauen zur Fähigkeit,
andere zu verstehen und sie aufzurichten. *Einklang, 86*

*Wenn ich mir vergebe, wandeln sich meine
Schwächen auf einmal in Stärken um.*

Nicht vollkommen

Wir alle machen die Erfahrung der Dunkelheit. Die
Erfahrung der Nacht im negativen Sinne gibt es sicher-
lich. Aber sie ist nicht alles. Ich glaube nicht an die
vollkommene Nacht. Ich unterscheide zwischen Nacht
und Schatten. Schatten, die uns quälen, dunkle Seiten,
die wir an uns erkennen und an denen wir leiden, sind
nicht alles. Der Schatten ist der Teil von mir, den ich
nicht beherrschen kann und mit dem ich mich versöhnen muss. *Sehnsucht, 120f*

Disziplin

Mit seinen Schattenanteilen kann man sich versöhnen. Das geschieht, indem man beginnt, zu erkennen, dass sie ihre Daseinsberechtigung haben, dass sie nicht an sich schlecht sind. Wenn wir unsere Schatten direkt bekämpfen wollen, riskieren wir uns zu verausgaben, denn die Kräfte, die sich hier beteiligen, sind stärker. Wir müssen unsere Schatten in unser Leben integrieren, sie zähmen, mit ihnen reden: Wie lange ist dieser Schatten schon da? Weshalb? Und ich muss mir sagen, dass ich mit allen meinen dunklen Seiten, meinem Neid und meinen Härten, in der Hand Gottes bin. *Sehnsucht, 120*

Nähe lernen

Wir müssen also etwas ganz Elementares lernen: liebevoll mit uns umzugehen, damit wir auch die Nähe und Geborgenheit genießen können, die wir von anderen Menschen und von Gott erleben. Die Sehnsucht nach Geborgenheit soll uns in Bewegung bringen, damit wir uns selbst nahekommen und uns für die Menschen öffnen, die schon in unserer Nähe sind. Wenn wir ihnen nahekommen, werden wir auch ihre Nähe erfahren. Wenn wir uns nur allein gelassen fühlen und im Schmollwinkel unserer Einsamkeit sitzen bleiben, wird allerdings nie jemand in unsere Nähe gelangen. *Sehnsucht, 30*

Wir müssen etwas ganz Elementares lernen: liebevoll mit uns umzugehen.

Den Zwiespalt überbrücken

Der Mensch lebt immer zwischen zwei Polen, zwischen
Angst und Vertrauen, zwischen Verstand und Gefühl,
zwischen Liebe und Aggression, zwischen Disziplin und
Disziplinlosigkeit. Manche, die sich so selbstbewusst
nach außen geben, sind nur mit einem Pol in Berührung.
So argumentiert der Verstandesmensch selbstsicher,
aber er kann keine Gefühle zeigen. Sobald die Sprache
auf die Gefühlsebene kommt, gerät er in Panik. Wer
nur einen Pol bewusst lebt, verdrängt den andern in
den Schatten. Von dort aus wird er sich negativ auswirken. Wer dagegen seinen Schatten angenommen hat,
der kann gelassen reagieren, wenn er sich nach außen
hin blamiert oder in das Feuer der Kritik gerät. So
wundert ihn nichts mehr, was man über ihn sagt. Er
weiß um sich, er hat sich ausgesöhnt mit seinen Höhen
und Tiefen. *Herz, 42*

Duldsam und beharrlich

Lass dich nicht lähmen durch deine Fehler und Schwächen. Schau sie an, verdränge sie nicht, akzeptiere, dass
du fehlbar bist, und arbeite an deinen Schwächen. Aber
verbeiße dich nicht in sie. Lass sie los. Wenn Gott dir
vergibt, darfst auch du dir vergeben. Sei barmherzig mit
dir selber. *Tag, 139*

Offen sein

Wenn wir uns an irgendetwas oder an uns selbst festhalten, kann das, was in uns lebt, nicht aufblühen. Es
kann dann keine Harmonie zwischen uns und unserer
Umgebung sein. Das gilt für unsere Beziehung zu anderen, aber auch für die Beziehung mit uns selber. Sobald
wir uns selbst loslassen, kommen wir in Berührung mit
unserem wahren Bild. Auf einmal entdecken wir, wer
wir wirklich sind. Wir spüren unser wahres Sein, unsere
wirklichen Gefühle und den Reichtum unserer Seele.
Festhalten heißt immer auch: an einem ganz bestimmten
Bild von mir festhalten, das mein wahres Ich verstellt.
Finde ich mich nur gut, wenn ich an diesem Bild festhalte, dann werde ich nie das entdecken, was wirklich
zu mir gehört und was das Meine ist. Einklang, stimmige
Resonanz, wird erst möglich, wenn ich loslasse und dem
anderen erlaube, so zu sein, wie er ist. *Einklang, 69*

*Lass dich nicht lähmen durch deine
Fehler und Schwächen.*

Wenn der Antrieb fehlt

Leben ohne Sehnsucht wird starr. Es verliert seine Spannung. Ohne Sehnsucht wird das Leben sinnlos. Es gibt
nichts mehr, auf das der Mensch noch zustreben könnte.
Wer kein Ziel mehr hat, wird zwar weitergehen, aber
orientierungslos sein. Er könnte ebenso gut stehen

bleiben. Ob er geht oder nicht, ob er strebt oder nicht, ob er das Tempo beschleunigt oder nicht – alles ist gleichermaßen ohne Sinn. *Sehnsucht, 137*

Leben ohne Sehnsucht wird starr.

Von lebenslanger Bedeutung

Wir alle brauchen etwas anderes, das nicht verhallt wie der Applaus. Jeder von uns braucht den Reichtum in seinem Inneren: einen inneren Frieden, eine Ahnung von seiner Würde und von einer absoluten Freiheit und Geborgenheit. Nicht in der Ferne, in die er jagt, nicht im Rampenlicht, nach dem sich mancher sehnt, sondern in ihm selbst ist das, wonach er sich im Tiefsten sehnt: Authentizität, Geborgenheit, Liebe, Freiheit, Würde, Leben, Wahrheit, Klarheit und Licht. *Sehnsucht, 57*

Im Sein

Wer sein Alleinsein bewusst annimmt, der kann die Erfahrung machen, dass er mit allem eins ist. Das ist ja auch der Sinn des deutschen Wortes »allein«. Es bedeutet: »all-eins«, mit allem eins zu sein. Wer sich auf den Grund seiner Einsamkeit wagt und nicht vor ihr davonläuft, der darf spüren, dass er auf dem Grund seiner Seele mit allem eins ist, was in dieser Welt existiert. Alles hängt miteinander zusammen. In der Tiefe ist alles eins. So zeigt uns die Einsamkeit den Weg in den Grund der Welt, auf dem unser Dasein gründet. *Einklang, 96*

Vollständig ich

Der Glaube verlängert das Urvertrauen des Kindes von
den Menschen und der Welt bis zu Gott hin, dem Ur-
grund allen Seins. Das Vertrauen in das Leben ist die
Bedingung, dass das Kind zur »Ich-Identität« findet.
Ich-Identität meint das Gefühl, dass ich alle Bereiche
meines Lebens akzeptiert und in das Ich integriert
habe, dass ich den roten Faden in meinem Leben sehe
und die innere Einheit meines Seins gefunden habe.
Wer zur Integrität gelangt ist, ist eins mit sich geworden,
einverstanden mit seiner Lebensgeschichte, der hat ein
starkes Selbstwertgefühl, ein Gefühl für seine einzig-
artige Würde entwickelt. *Herz, 26*

Heiliger Ort

In jedem von uns existiert ein Raum der Stille und
Freiheit. Diesen Raum müssen wir nicht erst schaffen,
er ist schon in uns. Hier sind wir ganz und heil. Dieser
Raum ist nicht beschädigt durch unsere Fehler und
Schwächen, nicht beeinträchtigt durch die Urteile und
Verurteilungen der Menschen, durch ihre Erwartungen.
Hier können wir ausruhen, weil dort Gott selber in
uns wohnt. *Tag, 62*

*In jedem von uns existiert ein Raum
der Stille und Freiheit.
Hier sind wir ganz und heil.*

Nur zu vertiefen, nicht zu verlängern

Obwohl in mir der Wunsch ist, in Würde alt zu werden, weiß ich doch, dass jeder Tag der letzte sein kann. Nicht weil ich Angst vor dem Sterben habe, meditiere ich meinen letzten Tag, sondern weil ich immer wieder erstaunt vor der Frage stehe: Was bedeutet das, dass ich lebe, dass ich atme, dass ich mich selber spüre, dass ich die Schönheit der Landschaft betrachte? Was geschieht, wenn ich einem Menschen begegne? Was möchte ich mit meinem Leben vermitteln? Ich spüre, dass ich oft so leicht an die Oberfläche gerate und einfach nur so dahinlebe. Da hilft mir der Gedanke an meinen letzten Lebenstag, um die Tiefendimension des Lebens zu erahnen. *Herz, 323*

II

Mit klaren Augen erkennen

Herzensruhe statt Gefallsucht

Viele Menschen kreisen ständig darum, was andere von ihnen denken oder was sie über sie sagen. Sie haben Angst, die anderen könnten schlecht von ihnen reden. Eine andere Gruppe von Menschen beschäftigt sich mit den Worten und Taten anderer. Sie regen sich ständig darüber auf, was der oder jene gesagt oder getan hat. Sie lesen in der Zeitung oder in der Illustrierten die Skandalgeschichten irgendwelcher Schauspieler oder Adliger, um sich darüber zu entsetzen. Statt mit sich in Frieden zu leben, brauchen sie andere, um ihren inneren Unfrieden auf sie zu projizieren. Doch das geben sie nicht zu. So sind sie immer unzufrieden mit der Welt und letztlich mit sich selbst. Herzensruhe stellt sich ein, wenn wir mit den anderen versöhnt sind und sie so sein lassen können, wie sie sind. Und wirklicher innerer Friede ist ein Raum, in dem wir mit uns selbst und mit unserer Umgebung, ja mit der ganzen Schöpfung in Einklang leben. *Einklang, 82f*

Je unfähiger ein Mensch ist, sich selbst nahe zu sein, desto größer ist in ihm die Sehnsucht nach Nähe und Geborgenheit.

Sich angenommen wissen

Je unfähiger aber ein Mensch ist, sich selbst nahe zu sein, desto größer ist in ihm die Sehnsucht nach Nähe und Geborgenheit. Wir können uns diese Sehnsucht nicht selbst erfüllen. Wir brauchen Menschen, die uns Geborgenheit schenken. Und wir brauchen Gottes heilende und liebende Nähe, in der wir uns geborgen wissen. Doch wenn wir nur und ausschließlich von anderen Menschen oder von Gott diese bergende Nähe ersehnen, werden wir sie nie erfahren. *Sehnsucht, 30*

Anerkennung

Erkenne die Leistungen anderer Menschen an. Menschen brauchen Anerkennung. Sie freuen sich und blühen auf, wenn sie gelobt werden. Loben ist freilich eine Kunst. Sie verlangt Ehrlichkeit, Natürlichkeit und die Fähigkeit, wahrzunehmen, was der andere ist und was er dir und der Gemeinschaft bedeutet. Das Loben wird dir die Welt in einem anderen Licht zeigen. Und es wird deine Seele leben lassen. Denn Loben entspricht dem Wesen deiner Seele. *Tag, 97*

Güte

Sei gerecht anderen Menschen gegenüber. Gerecht ist, wer den anderen als anderen gelten lässt, ihn in seinem Anderssein bestätigt und ihm zu dem verhilft, was ihm zusteht. *Tag, 96*

Wenn ich die Verantwortung für mein Leben übernehme, höre ich auf, bei andern die Schuld für meine Misere zu suchen.

Schattenbildung

Feindschaft entsteht oft durch Projektion. Der andere projiziert das, was er bei sich selbst nicht annehmen kann, auf mich. Wer sich selbst kennt und annimmt, der nimmt die Projektion wahr, ohne sich von ihr bestimmen zu lassen. Er wird nicht zum Feind dessen, der seine feindlichen Seiten auf ihn wirft. Er sieht im anderen den, der sich danach sehnt, mit sich und seinem Leben in Frieden zu sein. Die Feindesliebe bedeutet nicht, dass man dem Feind nicht Grenzen gegen seine zerstörerischen Tendenzen setzen darf. Aber zugleich braucht er die Liebe, die das Feindliche in ihm zu heilen vermag. *Herz, 83*

Ansehen

Jesus nimmt den Blinden bei der Hand. Er schafft Beziehung zu ihm. Blindheit hat oft etwas damit zu tun, dass ein Mensch die Welt nicht sehen kann, weil sie ihm als feindlich und bedrohlich erscheint. Der erste Blick, den der Blinde tut, dient nur der Orientierung, aber nicht der Begegnung. Doch wirklich zu sehen vermögen wir erst, wenn wir bereit sind, einem Menschen ins Antlitz zu schauen. Dann verwandelt uns die Begegnung. Wenn ich nur die Umrisse des anderen sehe, dann will ich mich nicht ändern. Ich sehe nur so weit, dass ich meinen eigenen Weg gehen kann. Aber die anderen interessieren mich nicht wirklich. Nur wenn ich den Menschen klar sehe, kann ich ihm begegnen und werde ihm gerecht. *Herz, 176*

Selbstverantwortung

Wenn ich die Verantwortung für mein Leben übernehme, höre ich auf, bei andern die Schuld für meine Misere zu suchen. Die Verantwortung wird mir die Augen öffnen für die Möglichkeiten, die allein ich habe, für das einmalige Bild, das Gott sich nur von mir gemacht hat. Dazu muss ich aber Abschied nehmen von allzu hohen Idealen, mit denen ich mich vielleicht identifiziere. Es geht nicht darum, perfekt und fehlerlos zu werden, sondern ganz, eins mit sich selbst, mit allen Gegensätzen, die in mir sind. *Herz, 65*

Ursachenforschung

Ärger kostet Kraft. Im Ärger geben wir andern Menschen Macht über uns und lassen uns von ihnen lähmen und bestimmen. Es ist wichtig, dass wir den Ärger anschauen, seinen Grund – und damit möglicherweise auch einen sinnvollen Hinweischarakter – erkennen und uns von dem distanzieren, was uns an ihm belastet oder zu überwältigen droht. *Tag, 149*

Selbstbehauptung

Ein wichtiger Grundsatz im Umgang mit Menschen, die mich verletzen und bestimmen, ist: Der andere hat immer nur so viel Macht über mich, wie ich ihm gebe. Ich kann kaum verhindern, dass ich empfindlich reagiere, wenn mich einer kränkt. Ich kann nicht jedes Gefühl von Ärger unterdrücken. Aber ob ich mich in meinen Ärger hineinsteigere oder ob ich mich davon distanziere, das ist in meiner Hand. Der Ärger ist ja durchaus eine positive Kraft. Denn er treibt mich dazu an, etwas zu ändern. Ich erweise ihm nicht die Ehre, mir von ihm mein Abendessen verderben zu lassen. Es liegt an mir, ob ich mich dem andern gegenüber ohnmächtig fühle oder ob ich mich von der Macht des andern befreie, indem ich mich von ihm distanziere und ihn aus meinem Herzen hinauswerfe. *Herz, 77*

Der andere hat immer nur so viel Macht über mich, wie ich ihm gebe.

Eindeutig

Ich brauche mich nicht zu rechtfertigen. Ich sage das, was ich für stimmig empfinde. Das genügt. Ich muss mich nicht unter Druck setzen, dass der andere mein Nein verstehen und für gut heißen muss. Ich habe nein gesagt. Das genügt. Was der andere denkt, ist seine Sache. Darüber muss ich mir nicht den Kopf zerbrechen. *Tag, 120*

Nachsichtig

Wir kreisen in unseren Gedanken oft um die Fehler der anderen. Wir regen uns auf, wenn ein Freund unseren Geburtstag vergisst oder wenn er im Gespräch nicht richtig zuhört. Wir können dann tagelang über unsere Verletztheit reden und uns immer mehr hineinsteigern in den Ärger über den unsensiblen Freund oder die treulose Freundin. Ein wichtiger Aspekt des Loslassens ist das Verzeihen: Anstatt dem anderen seine Fehler nachzutragen, vergeben wir sie, lassen wir sie los, lassen wir sie bei ihm. *Einklang, 35*

Klarheit

Der entscheidende Grund, warum wir uns oft mit dem Abgrenzen schwertun, ist die Angst, wir könnten uns unbeliebt machen, wir würden eine Beziehung stören oder gar abbrechen, wir würden abgelehnt. In Wirklichkeit ist es gerade umgekehrt: Die Bejahung der eigenen Grenzen schafft gesunde Beziehungen. *Tag, 119*

Abstand nehmen

Wir müssen manchen Menschen den Zutritt zu unserem Inneren verwehren, wir müssen ihnen inneres Hausverbot erteilen. Dort, wo Gott in uns wohnt, dort, wo wir bei Gott daheim sind, dort haben die anderen kein Recht, einzudringen. Manche meinen, das wäre nicht christlich. Christlich sei die Vergebung. Aber die Vergebung steht immer am Ende der Wut und nicht am Anfang. Solange der, der mich verletzt hat, noch in meinem Herzen ist, wäre Vergebung Masochismus. Ich würde mich selbst damit verletzen. Erst wenn ich mich von ihm distanziert habe, wenn ich ihn aus mir hinausgeworfen habe, kann ich ihm wirklich vergeben. *Herz, 78*

Von Schuld befreien

Es gibt kein menschliches Zusammenleben ohne Verzeihung. Denn ob wir wollen oder nicht, immer wieder werden wir einander verletzen. Verzeihen reinigt die Atmosphäre und ermöglicht so auch uns, die wir verletzt sind und immer wieder verletzen, ein menschliches Miteinander. *Tag, 94*

Eine Brücke

Ein Lächeln bringt Menschen einander näher, die sich vorher noch fremd waren. Ein Lächeln, das vom Herzen kommt, schafft sofort Nähe und Einverständnis. Es lädt ein, sich dem andern zu öffnen. Du fühlst dich verstanden und angenommen, ernst genommen. Du darfst sagen, was du denkst. Du wirst nicht beurteilt. *Tag, 93*

Es gibt kein menschliches Zusammenleben ohne Verzeihung.

Integer

Wer reif geworden ist, der ist auch in sich und mit sich eins geworden. Seine innere Einheit wird sich auch auf die Beziehung zu den anderen Menschen auswirken. Er wird ihnen gegenüber klar sein. Er muss sich nicht darstellen. Er kann es sich erlauben, einfach da zu sein. Seine Einfachheit im Denken und in seiner Ausstrahlung wirkt befreiend und einend. In seiner Nähe wird einem etwas klar, da klärt sich das Trübe in uns und wir blicken durch. *Einklang, 129*

III

Die Sehnsucht treibt uns voran

Was uns bewegt

Wir müssen uns nicht abfinden mit der Welt, so wie sie ist. Unsere Sehnsucht kann uns dazu anleiten, Herausforderungen produktiv anzugehen, Türen zu öffnen, Grenzen zu überschreiten und in eine größere Weite zu gelangen. *Sehnsucht, 153*

Durst

Nur eines kann man nicht verfälschen: die Sehnsucht. Denn seine Sehnsucht kann der Mensch nicht manipulieren. Der Mensch ist seine Sehnsucht. Sehnsucht ist wirklich die ehrlichste Eigenschaft aller Menschen: Sie ist einfach da. Sie regt sich in unserem Herzen, ob wir wollen oder nicht. *Sehnsucht, 64*

Nur eines kann man nicht verfälschen: die Sehnsucht.

Gestalter

Nur von dem, der mit seinen Lebensträumen in Berührung ist, wird etwas ausgehen können, das diese Welt verwandelt. Nur wer noch Träume hat, kann in dieser Welt etwas bewegen. Wir sind mehr als dieses Stück Leib, das von unserer Haut umschlossen wird. In uns leben Träume, die das eigene Herz weiten und diese Welt in Bewegung bringen können. *Tag, 136*

Koordinaten

Das Wesen des Menschen besteht darin, seine Seele auszuspannen zwischen dem Diesseits und dem Jenseits, zwischen den beglückenden und zugleich enttäuschenden Erfahrungen dieser Welt und der Sehnsucht nach absoluter Liebe und Lebendigkeit. Nur indem er das tut, kommt er wirklich zu sich. *Sehnsucht, 137*

Nur wer noch Träume hat, kann in dieser Welt etwas bewegen.

In Beziehung sein

Die Menschen spüren, dass unser Leben ohne Sehnsucht langweilig wird. Es verliert die Spannung, die Offenheit für das Geheimnis, die Weite und Lebendigkeit. Sehnsucht gehört zum Menschen. Wir leben in der Spannung zwischen der Kraft, die in der »Sehne« steckt, und der krankhaften Trägheit der Sucht. Wenn nur ein Pol – Ruhe oder Anspannung – gelebt wird, wird der Mensch krank. Wer nur die Ruhe sucht, versinkt leicht in Bequemlichkeit. Wer nur auf seine Sehne, auf seine eigene Kraft baut, verausgabt sich. Dann reißt die Sehne. Wenn er süchtig wird, verliert er seine Freiheit.

Sehnsucht, 18

Fruchtbares Fließen

Es geht auch darum, die Spannung des Herzens nicht vorschnell aufzulösen oder einer Sehnsucht nach Harmonie zu opfern, sondern sie fruchtbar werden zu lassen. Suche die Spannung, die das Leben und die Liebe in dir strömen lassen, damit von dir Leben ausgeht für die Menschen in deiner Umgebung. *Sehnsucht, 85f*

Sucht des Sehnens

Die Sehnsucht zielt auf Heimat, Geborgenheit, Glück, Liebe, Schönheit, Erfüllung. Sie zielt auf die Vollendung. Aber wie der Mensch sich manchmal krank vor Liebe fühlt, so kann auch die Sehnsucht nach dem Ewigen in ihm so stark werden, dass er keinen Geschmack mehr am Alltäglichen findet. Dann fühlt er sich krank vor Sehnsucht. *Sehnsucht, 16f*

Tanz der Vielfalt

Die Sehnsucht nach Harmonie darf nicht dazu führen, die Gegensätze in der eigenen Seele zu übersehen. Wir spüren sie alle: die Gegensätze von Liebe und Härte, Sehnsucht nach Stille und Drang nach außen, Introversion und Extraversion, Achten auf die eigenen Gefühle und Missachtung des Leibes, Trauer und Freude, Vertrauen und Angst, Einsamkeit und Gemeinschaft. Sie sind oft so stark, dass sie einen Menschen zerreißen. Sie können aber auch strömendes Leben erzeugen. Denn ohne Spannung gibt es kein Leben. *Sehnsucht, 16f*

*Die Sehnsucht treibt uns an,
immer weiter zu suchen, uns immer neu
auf den Weg zu machen.*

Wegweiser ins Weite

Dies gilt für alle Güter, für die Gerechtigkeit, für die Wahrheit, für die Güte, für die Barmherzigkeit, für die Weisheit: All diese Haltungen sind offen für eine unendliche Wirklichkeit. Und sie führen uns zu ihr hin, über all unsere Begrenztheit hinweg. Wer sich nach dieser größeren Wirklichkeit sehnt, der ist wirklich weise. Dessen Verstand blickt durch alles Vordergründige hindurch und wird erst so der ganzen Wirklichkeit gerecht. *Sehnsucht, 68f*

Aufbruch ist immer

Die Sehnsucht treibt uns an, immer weiter zu suchen, uns immer neu auf den Weg zu machen. Die Sehnsucht hält uns lebendig. Sie macht das Herz weit. Sie ist die Quelle der Kreativität. *Sehnsucht, 58*

Ohne Fragen keine Antworten

Leben ist immer auch Risiko. Ein Risiko gehe ich in jeder Begegnung ein. Ich wage mich aus mir heraus. Oder wenn ich mich für etwas entscheide, weiß ich nie im Vorhinein, wie es ausgeht. Doch wer sich nie entscheidet, wer sich immer vorher absichern möchte, der wird das Leben verpassen. Wer das Leben verpasst oder verweigert, dessen Seele verkümmert und erstarrt. *Tag, 114*

Kleine Anstöße

Was machen Menschen mit einer Sehnsucht, die sie nicht leben können? Ist eine Sehnsucht, die nicht erfüllt werden kann, nicht frustrierend? Immerhin kann man es auch so betrachten: Ihre Sehnsucht, die sie nicht verdrängen, sondern zulassen, entlastet sie auch. Man sollte sie als ehrlichen Ausdruck ihrer Befindlichkeit sehen: In der Sehnsucht klingt immerhin die Hoffnung an, irgendwann einmal doch ausbrechen zu können. Zumindest wächst die Phantasie, wie man kleine Ausbruchsversuche wagen könnte. *Sehnsucht, 41*

> Wer nie den Mut hat, seine eigene
> Grenze zu überschreiten,
> dessen Leben verkümmert. *Tag, 121*

Weitherzig

Es gibt Menschen, die ihr Leben lang von einer anderen Welt träumen, sich aber nicht trauen, einen Schritt in die Richtung ihres Traumes zu tun. Sie verbrauchen ihre Energie damit, von der anderen Welt zu träumen. Da ist es manchmal sinnvoll, sich diesen Traum zu erfüllen. Denn erst dann erkennt man, wie realistisch er wirklich ist. Wenn ich mir erfülle, was ich als mein tiefstes Bedürfnis erfahre, erlebe ich möglicherweise, dass ich damit noch lange nicht zufrieden gestellt bin. Es kann sein, dass ich alle meine Bedürfnisse erfüllen kann – und doch bleibt meine Sehnsucht bestehen. Die Weite der Welt macht nicht unbedingt weit. Wenn das Herz durch die Sehnsucht weit geworden ist, kann es auch in der Enge seine Weite bewahren. *Sehnsucht, 148*

Dennoch

Wer keinen Wunsch hat, weil er ohne Hoffnung ist, dass sich je etwas ändert, der wird leicht innerlich hart. Manche werden unter solcher Hoffnungslosigkeit zynisch, andere depressiv. Wer so wird, ist »wunschlos unglücklich«. Er hat keinen Frieden geschlossen mit seinem Leben. Er ist unzufrieden. Aber ihm bleibt nicht einmal mehr der Ausweg in den Traum von einem erfüllten Leben.

Er hat nichts mehr, was er gegen die öde Welt der Pflichten und der Routine setzen könnte. Ja, nicht einmal mehr Illusionen stehen ihm zur Verfügung, um der Enge seiner Welt zu entfliehen. Selbst die Sehnsucht nach einer anderen Welt ist ihm abhandengekommen. Das Leben mündet in »wunschloses Unglück«. *Sehnsucht, 33*

Verwandeln statt verdrängen

Es gibt manche Darstellungen des positiven Denkens, die suggerieren, wir müssten alles positiv sehen. Das kann zu einem Leistungsdruck werden, der uns zwingt, alles Negative abzuspalten. Abspaltung aber macht krank. Wir müssen uns alle Gefühle erlauben. Sie dürfen alle sein. Aber ich lasse mich von den Gefühlen nicht einfach bestimmen. Ich tauche in das Gefühl ein und folge ihm bis auf den Grund. Dann kann es sich wandeln. Oder es klärt sich, was es eigentlich meint. Vielleicht bin ich so müde und depressiv, weil ich zu lange meine Wut unterdrückt habe, weil ich nicht Nein gesagt habe. Gefühle sind wichtig. Denn sie spornen mich dazu an, mein Verhalten zu ändern. Emotionen bewegen mich zu einem neuen Handeln, das für mich angemessen ist, das im Einklang mit mir selbst steht. *Herz, 72*

Das wahre Ich

Viele Menschen sind todunglücklich, weil sie an ihren Illusionen von sich selbst festhalten. Sie halten an dem Wunschbild fest, wichtig zu sein, der beste, der spirituellste, der intelligenteste Mensch zu sein. – Wer um sich weiß und sich von Illusionen verabschiedet, der ist vor der Gefahr geschützt, lächerlich zu werden, sobald diese Illusionen von anderen zerstört werden. *Einklang, 45f*

Umsicht

Die Sehnsucht als Flucht vor der Realität: Das wäre eine krankhafte Sehnsucht, eine infantile Sehnsucht, die der Realität ausweichen möchte, statt sie aktiv zu gestalten. Die gesunde Sehnsucht führt den Menschen dazu, ganz dort zu sein, wo er gerade steht, und das anzupacken, was er als notwendig erkannt hat. In der Sehnsucht übersteigt der Mensch diese Welt und den jeweiligen Augenblick, aber nicht um alles hinter sich zu lassen, sondern um aus dieser höheren Perspektive heraus diese Welt zu formen und für diese Welt Verantwortung zu übernehmen. *Sehnsucht, 83*

Sehnsucht nach Vollkommenheit

Es geht darum, unsere Süchte zu Ende zu denken: Wenn ich mir immer wieder neue Dinge zulege und mich in einen Kaufrausch stürze, bin ich dann wirklich zufrieden mit dem, was ich erworben habe? Kann ich je genug haben? Endgültig und für immer? Wenn ich mich nicht von meinem Schreibtisch trennen kann, welches Ziel verfolge ich eigentlich? Was drängt mich in den Zwang zur ständigen Wiederholung? Auch wenn ich alles anhäufe in unersättlicher Gier, auch wenn ich von einem Partner zum nächsten wechsle, immer aufs Neue: Inmitten an der Fülle bleibt die innere Leere bestehen, und die Sehnsucht wird sogar noch größer. Der Drang kann sich in unendlicher Wiederholung nicht befriedigen. Ist es das? Oder sehne ich mich nach mehr? Sehne ich mich nicht nach einer ganz anderen

Wirklichkeit? Mein großes Ziel zerrinnt immer aufs
Neue. Nichts Irdisches, kein Ding, kein Erfolg, kein ge-
liebter Mensch kann unsere innere Unruhe beruhigen.

Sehnsucht, 37

Mit meinen guten Mitteln

Hinter der Fassade sieht es ganz anders aus. Die Sehnsucht lässt mich mein Leben ehrlich anschauen. Ich
muss nicht übertreiben. Ich muss den anderen nicht
beweisen, wie tief meine Erfahrungen sind und welche
Riesenfortschritte ich auf meinem inneren Weg mache.
Ich nehme mich so an, wie ich bin: durchschnittlich,
aber doch auch suchend, erfolgreich und erfolglos,
sensibel und unsensibel, spirituell und zugleich ober-
flächlich. Ich darf mein Leben so anschauen, wie es ist.
Denn meine Sehnsucht geht über dieses Leben hinaus.
In der Sehnsucht manipuliere ich nicht. Die Sehnsucht
ist einfach da. Und nur dort, wo die Sehnsucht ist, ist
wirkliches Leben. Nur dort, wo ich mich meiner Sehnsucht stelle, bin ich auf der Spur des Lebens, entdecke
ich meine eigene Lebendigkeit. Und auf der Spur der je
größeren Lebendigkeit überwinde ich meine eigene
enge Begrenztheit. *Sehnsucht, 66*

Nur ein weiter Horizont lässt uns
Neues sehen, und nur diese Offenheit
macht unseren Geist frei. Tag, 115

Umleitung

Manchmal kommen wir einfach an unsere Grenzen.
Dann ist die Frage, ob ich mich an der Grenze aufreibe,
oder ob ich mir von ihr meine Sehnsucht stärken lasse.
Dann kann ich mich mit der Grenze aussöhnen, nicht
resignierend, sondern in dem Wissen, dass sie mich
lebendig hält und mich tiefer in meine Sehnsucht hin-
einführt und so näher zu Gott bringt. *Sehnsucht, 79*

Zum letzten Ziel

Für Augustinus ist in jeder Sehnsucht letztlich die Sehnsucht nach dem Vollkommenen, nach dem Absoluten
lebendig. Und diese Sehnsucht ist zugleich das ehrliche
Eingeständnis, dass ich, so wie ich bin, noch nicht am
Ziel bin; dass die Welt, so wie sie ist, noch in Entwick-
lung ist; dass das Eigentliche noch bevorsteht. Sehnsucht ist nicht nur die ehrlichste Empfindung. Sie kann
auch zur Ehrlichkeit gegenüber dem eigenen Leben
verhelfen. *Sehnsucht, 65*

IV

Liebe ist die Macht des Herzens

Geheimcode

Freunde wissen oft selber nicht, warum sie Freunde geworden sind und wie die Freundschaft entstanden ist. Es ist immer etwas Geheimnisvolles um das Werden der Freundschaft. Auf einmal ist sie da. Die Türe in meinem Herzen wurde gerade für diesen Menschen geöffnet. *Tag, 87*

Einander Raum geben

Echte Freundschaft zeichnet sich durch innere Freiheit aus: Du darfst sagen, was du fühlst, ohne alles berechnen zu müssen. Du bist frei, den Weg zu gehen, den du als richtig erkannt hast. Du brauchst keine falsche Rücksicht auf den Freund zu nehmen. Du kannst frei atmen. Und du lässt auch dem Freund den Freiraum, den er für sein Leben braucht. *Tag, 85*

Sensor

Der Freund hört genau hin, was mich im Innersten bewegt. Er hört sich in mich hinein, um zu entdecken, was die Grundmelodie meines Lebens ist, er nimmt wahr, wo und wie mein Leben zum Schwingen und Tönen kommt. Er spiegelt mich und erinnert mich an das, was ich im Tiefsten bin. Seine Aufgabe ist also mehr, als mich nur zu verstehen, und mehr, als nur bei mir zu stehen. Er nimmt vielmehr die Melodie meines Herzens in sich hinein, um sie dann wieder neu zum Klingen zu bringen, wenn sie in mir verstummt ist. *Tag, 85*

*Echte Freundschaft zeichnet sich
durch innere Freiheit aus:
Du darfst sagen, was du fühlst,
ohne alles berechnen zu müssen.*

Freiraum

Innere Freiheit ist nötig, damit Freundschaft gelingen
kann, damit Beziehungen wirklich glücken. In der Enge
kann keine reife Beziehung wachsen. In jeder Bindung
brauche ich noch Freiheit. Ich binde mich in Freiheit.
Und noch in der Bindung gibt es in mir einen Raum,
über den niemand verfügen kann. *Tag, 86*

*In der Enge kann keine
reife Beziehung wachsen.*

Menschliche Nähe

Wer einfach da ist, ohne Nebenabsichten, der ist für die
Menschen, die ihm begegnen, ein Segen. Er muss, auch
und gerade in schwierigen Situationen, für die anderen
gar nicht viel tun. Er ist einfach da bei dem, der sein
Dasein braucht, bei dem Kranken, der eines anderen
bedarf. Er ist jemand, der einfach bei ihm aushält, ohne
fromme Worte, ohne mit irgendwelchen Sinnsprüchen

seine Krankheit zu deuten. Er ist einfach da bei dem Trauernden, der untröstlich ist und keine vertröstenden Worte erträgt. Wer verzweifelt ist, möchte nur einen haben, der einfach da ist, ohne etwas zu sagen, ohne Erklärung, ohne Erwartungsdruck, dass die Trauer sich legen muss. *Einklang, 9*

*Die Wärme der Liebe
löst alle Verkrampfung.*

Sich selber Freund sein

Ich höre Worte wie: »Ich möchte einen Menschen, der einfach da ist, der es mit mir aushält, der mir beisteht, wenn es mir mal nicht so gut geht. Der mich versteht, der mich nicht beurteilt, vor dem ich keine Angst haben muss. Es ist die Sehnsucht nach einem, der mich zärtlich streichelt, dem ich ungeschützt sagen kann, was gerade in mir ist.«
Ich frage dann oft zurück: »Können Sie sich selbst nahe sein? Können Sie selbst zärtlich zu sich sein? Können Sie sich selbst einfach wahrnehmen, ohne sich zu beurteilen oder zu verurteilen? Können Sie dem kleinen verletzten Kind in sich Geborgenheit schenken?«

Sehnsucht, 29

Aus Liebe

Sorge um jemanden ist etwas ganz anderes als Sorge für jemanden. Eine solche Sorge schafft Raum für sinnvolles Leben. Sie steht für ein Leben in Verbindung mit dem, »woran unser Herz hängt«. Hier geht es nicht um eine Sorge aus Angst, sondern um eine Sorge aus Liebe. Weil ich jemanden liebe, sorge ich für ihn. Ich besorge ihm, was er fürs Leben braucht. Ich versorge ihn mit dem Notwendigen und bin gleichzeitig selber erfüllt von dem, was ich tue. Die Mutter sorgt gerne für ihre Kinder. Und die Kinder erfahren in der Sorge der Mutter ihre Liebe. Und ist es nicht wunderbar, ja ein Glück, zu wissen, dass wir in Beziehungen zu anderen stehen, zu Menschen, die uns tragen und denen wir eine Hilfe sein dürfen? *Einklang, 34*

Durchdrungen

Wer sich nach Liebe sehnt, sehnt sich nicht nur nach einem konkreten Menschen, der ihn liebt und den er zu lieben vermag. Letztlich steckt in der Sehnsucht nach Liebe immer schon die Ahnung einer unendlichen Liebe, die mehr ist als Lieben und Geliebtwerden. Es ist die Sehnsucht danach, Liebe zu sein. Wer Liebe ist, der hat teil an der Wirklichkeit des Absoluten. *Sehnsucht, 68f*

Sich der Liebe überlassen

Die Wärme der Liebe löst alle Verkrampfung. Wer erfährt, dass er gerade dort, wo er sich festklammert, angenommen und gestreichelt wird, dem löst sich alle Enge. Klammere dich also nicht an deiner Angst fest, sondern geh durch sie hindurch. Dann wirst du auf dem Grund deines Herzens jene zärtliche Liebe spüren, die dich mit deiner Angst annimmt und alles Bedrängende und Bedrohliche deiner Angst auflöst. *Tag, 77*

Liebessehnsucht

Im Sehnen klingt das Schmerzliche mit und erinnert an eine Liebe, die noch nicht erfüllt ist. Der Verliebte sehnt sich nach der Freundin, um sich ihrer Liebe zu vergewissern. Sehnsucht kann auch wehtun. Wer verliebt ist, ist ganz und gar auf den geliebten Menschen ausgerichtet und wartet darauf, dass seine Liebe erwidert wird. Er hat den Eindruck, er würde sterben, wenn seine Liebe ins Leere ginge. *Sehnsucht, 16f*

Liebe verwandelt

In der Sehnsucht nach dauerhafter Liebe steckt auch die Sehnsucht nach Verlässlichkeit und Treue, nach Sicherheit und nach einer Perspektive für die Zukunft. Die Liebe, die nach dem Stadium des Verliebtseins heranreift, nimmt den andern mit all seinen Entfaltungen an. Sie steht zu ihm. Sie meint den andern so, wie er ist. Sie ist frei von den Projektionen, die beim Verliebtsein eine so große Rolle spielen. Sie legt den andern

nicht fest auf den Zustand, den er zu Beginn der Liebe
hatte, sondern sie geht mit ihm durch alle Entwick-
lungen und Verwandlungen hindurch. Sie hält am
andern fest, auch wenn er krank wird und schwach,
unansehnlich und alt. In solch einer Liebe wird der
Mensch gesund, wird er gleichsam neu geschaffen. *Herz, 138*

*Man kann die Liebe weder als Gefühl
noch als Willensakt bezeichnen. Sie
scheint eine eigenständige Macht zu sein.*

Mit hoher Achtung

Letztlich geht es in jeder Liebe um die Frage, ob ich es
wert bin, von einem andern geliebt zu werden. In der
Liebe steckt der Wunsch, für einen anderen Menschen
einzig zu sein, darum, dass ein anderer allein mich
liebt. Die Erfahrung der eigenen Würde hängt mit der
Erfahrung einer Liebe zusammen, die mich in meiner
Einzigartigkeit meint, in der ich ganz ich selber sein
kann und in der ich erst entdecke, was in mir an Fähigkeiten und Möglichkeiten steckt. *Herz, 135*

Eine besondere Macht

Man kann die Liebe weder als Gefühl noch als Willensakt bezeichnen. Sie scheint eine eigenständige Macht
zu sein, die im Herzen des Menschen wirkt und alle
seine Beziehungen betrifft: die Beziehung zum Nächsten, zu Gott, zur Schöpfung, zu den Dingen seines
Lebens und zu sich selbst. Die Liebe prägt sein Denken,
Fühlen, Wollen und Handeln. Sie ermöglicht eine neue
Lebensqualität, eine neue Selbstwahrnehmung. Sie verwandelt den Menschen und verleiht ihm eine eigene
Ausstrahlung. Auch wenn man noch so sehr über die
Liebe nachdenkt, ist sie letztlich nicht zu fassen und zu
greifen. Man kann sie nur beschreiben in ihren Auswirkungen: Die Liebe ist eine eigene Kraft. *Herz, 243*

*Liebende brauchen Raum zwischen sich,
damit sich die Liebe entfalten kann.*

Entfaltung

Die Liebe ist kein Verschmelzen, kein Grenzen auflösen-
des Ineinander. Der Liebende steht in sich und er lässt
den andern er selbst, sie selbst sein. Liebende brauchen
Raum zwischen sich, damit sich die Liebe entfalten
kann. Wenn die Bäume zu nahe wachsen, erdrücken
sie sich gegenseitig. Zwischen den Liebenden braucht es
einen Freiraum und einen Ort, an dem das Geheimnis
der Liebe Gottes wohnen kann. Wenn die Liebenden

um die göttliche Liebe wissen, die in ihrer Liebe anwesend ist, dann verliert sich ihre Angst, ihre Liebe könne sich auflösen. Wenn sich unsere Liebe aus der göttlichen Liebe speist, dann klammern wir uns nicht am andern fest, dann lassen wir ihn frei und genießen dankbar die Liebe, die uns von ihm entgegenströmt. *Herz, 151*

Fruchtbringende Liebe

Alles, was wir tun, ist nur dann fruchtbar, wenn es von der Liebe geprägt ist. Die Worte, die wir sagen, bringen Frucht, wenn es Worte der Liebe sind. Die beruflichen Leistungen zählen nur dann, wenn sie aus Liebe geschehen. Sicher gibt es Menschen, die Geniales vollbringen. Doch wenn die Liebe fehlt, bleibt es unfruchtbar. Es zerfällt. Die Liebe ist jedoch keine moralische Forderung, die wir erfüllen müssen. Vielmehr strömt die fruchtbringende Liebe aus uns heraus, wenn wir mit unserer Mitte in Berührung sind. Das Ego ist aus sich heraus unfruchtbar. Die Quelle unserer Vitalität und Kreativität liegt in unserer Mitte, in der wir eins sind mit Christus. *Herz, 159*

Nur wer sein Herz von der Liebe
durchdringen lässt,
wird auch fähig zur Freude.

Die Schale durchbrechen

Nur wer sein Herz von der Liebe durchdringen lässt,
wird auch fähig zur Freude. Natürlich schenkt die
Liebe nicht nur Freude, sondern auch Schmerz. Es gibt
keine Liebe ohne Schmerz. Aber offensichtlich kann
nur der echte Freude erleben, der sich von der Liebe
aufbrechen lässt und der auch bereit ist, sich auf den
Schmerz einzulassen, den die Liebe mit sich bringt.

Herz, 137

Einander Würde schenken

In einer Atmosphäre, in der sich der andere geachtet
und kostbar fühlt, in der er seine eigene Schönheit entdeckt, drückt sich die Zärtlichkeit auch aus. In solcher
Beziehung strömt eine Liebe, die nicht festhält, die
keine Besitzansprüche fordert, eine Liebe, die loslässt,
die achtet, die ein Gespür hat für das Geheimnis des
andern. *Tag, 78*

Elementar

Die Liebe, so sagt uns die Bibel, ist Geschenk Gottes
an die Menschen, ist Ausdruck des göttlichen Schöp-
fungssegens. Der Mensch findet die Liebe einfach vor.
Sie ist ihm gegeben. Er erfährt sie, ob er will oder nicht.
Sie kann ihn krank machen oder verzaubern. Sie ist
wie eine Glut, die in ihm brennt. Sie ist wie ein Strom,
der ihn mitreißt. Liebe ist dabei nicht nur die Liebe
zwischen Mann und Frau, sondern auch die Liebe zu
den Kindern, die Liebe zu den Menschen, die Liebe zur

Natur, die Liebe als Grundstimmung und Haltung, die all unser Denken und Tun prägt, und die Liebe zwischen Gott und Mensch. *Herz, 363*

Bereit für die wahre Liebe

Lass dich in deinem Herzen von der Liebe berühren, die dir entgegenkommt oder die in dir aufflammt. Gott selbst berührt dich dabei und öffnet dich für das Geheimnis einer klaren und lauteren Liebe, die allen und allem gilt. *Tag, 77*

V

Die Wahrheit ist einfach

Maßvoll

Das Ziel des rechten Maßes ist die Ruhe der Seele, die innere Ausgeglichenheit, der Einklang mit mir selbst. Doch das erreiche ich nur, wenn ich alles in mir richtig ordne. *Tag, 117*

Wahrheit heißt: einfach sehen, was ist.

Einfach sehen, was ist

Wir meinen oft, »einfach« sei gleichzusetzen mit »primitiv«. Das wahre Leben sei aber kompliziert und nur in schwierigen Gedankengängen zu erklären.
Nur die halben Sachen sind kompliziert. Die Wahrheit ist immer einfach und klar. Wahrheit heißt: einfach sehen, was ist. Wir schauen in den Grund, in das Wesen der Dinge. Dort geht uns die Wahrheit auf. Wer zu kompliziert über die Dinge redet, der hat in aller Regel nicht das Ganze erfasst, der befasst sich eher mit halben Sachen. Wenn etwas ganz und heil ist, in sich abgerundet und vollständig, dann ist es immer auch einfach. Dann verstehen wir es auch. Wenn etwas in sich nicht ausgegoren ist, dann passen die Dinge nicht zusammen. Und wir können sie auch mit unserem Verstand nicht zusammenbekommen. Wir erleben sie als in sich verwickelt und verwirrt. Wir tun uns schwer damit, sie zu entwirren und zu ordnen. Die Dinge einfach zu machen – freilich nicht einfacher, als sie sind –, das ist nach Albert Einstein ein Zeichen der Intelligenz. *Einklang, 142*

Was unseren Durst stillt

Wirklichen Verstand hat nur, wer sein Augenmerk auf Güter richtet, die die Sehnsucht wirklich zu erfüllen vermögen. Letztlich können nur Güter unsere Sehnsucht stillen, die über diese Welt hinausweisen und hinausreichen. *Sehnsucht, 68f*

Schutz vor Manipulation

Die Werbeleute wissen: Wer an die tief im Unbewussten sitzende Sehnsucht des Menschen rührt, der bekommt Macht über seine Seele. Das einzige Mittel dagegen ist, dass wir unsere Sehnsüchte bewusst anschauen und uns fragen, was denn unsere tiefste Sehnsucht ist und wie sie erfüllt werden kann. Wenn die angesprochenen Sehnsüchte unbewusst sind, ist der Mensch leicht zu manipulieren. Wenn die Werbung dagegen auf einen Menschen stößt, der mit seiner Sehnsucht in Berührung ist, prallt sie von ihm ab. Denn er durchschaut ihre Manipulation und Verfälschung. *Sehnsucht, 35*

Kaufsucht statt Sehnsucht

Jemand hat zugespitzt gesagt, Werbung wecke in den Menschen das Bedürfnis nach Dingen, von deren Existenz sie vorher noch gar nichts gewusst hätten. Das funktioniert, indem man bestimmte Waren mit bestimmten Emotionen und Versprechungen »auflädt«. Sehnsüchte werden dabei schamlos ausgenutzt. Da wird vor allem das Verlangen nach Glück angesprochen. Und es wird der Eindruck vermittelt, man könne sich das Glück kaufen. Der Trick dabei: Die Werbung verspricht ein schnelles Glück. Man kann es käuflich erwerben, hier und jetzt. Die Sehnsucht wird also kapitalisiert. Anstatt die Sucht in Sehnsucht zu verwandeln, geschieht das Umgekehrte. Denn das Ziel der Werbung ist – konsequent gedacht – die Kaufsucht, also ein seelischer Zustand, in dem Menschen immer und immer wieder durch Einsatz von Geld und durch Kauf von Waren versuchen, das Glück zu erwerben. Es ist auffällig: Oft spricht die Werbung eine religiöse Sprache. Da wird der Himmel auf Erden versprochen. *Sehnsucht, 34*

Abwägen und Entscheiden
Wer sich seinen Launen ausliefert, entwickelt keine Stärke. Wer jedem Wunsch nachgibt, wird auf Dauer nicht zufriedener. Askese und Disziplin – im rechten Maß geübt – vermitteln die Erfahrung, dass wir unser Leben selbst gestalten, dass wir selber leben, anstatt gelebt zu werden. *Tag, 37*

Mit offenen Händen
Wer zu sehr nach den Dingen greift, den haben sie im Griff. Wer loslässt, befreit sich vom einengenden Zugriff der Welt. Er kann das, was sie anbietet, genießen. Weil er es nicht braucht, ist er frei, in der Welt das Schöne wahrzunehmen und zu schmecken. *Tag, 146*

*Loslassen hingegen ist ein Akt
der inneren Befreiung.*

Freigeben

Wenn wir uns zu sehr an etwas klammern, werden wir handlungsunfähig. Wenn wir zu gierig etwas haben wollen, sind wir gefangen. Uns sind die Hände gebunden. Loslassen hingegen ist ein Akt der inneren Befreiung.

Einklang, 43

Sehnsucht jenseits der Sucht: Was wäre uns lieber?

Vielleicht sind viele der Süchte, die wir heute beobachten, Ausdruck verdrängter Sehnsucht. Daher ist es höchste Zeit, und nicht ein Ausdruck von Wirklichkeitsflucht, sondern ein Zeichen von Realismus, sich wieder seiner eigenen Sehnsucht zu stellen. Nur wenn wir uns ihr stellen, sie anerkennen und in unser Leben integrieren, können wir frei werden von der Sucht, die uns im Griff hat. *Sehnsucht, 19*

Liebe ist genug

In der Suche nach Reichtum steckt die Sehnsucht nach Ruhe. Aber das Fatale ist, dass der Besitz uns besessen macht und noch mehr in die Unruhe treibt. Wenn wir nach Erfolg streben, so verbirgt sich dahinter die Sehnsucht, wertvoll zu sein. Aber wir wissen zugleich, dass kein Erfolg unsere Sehnsucht zu stillen vermag. Unseren eigentlichen Wert erfahren wir erst in Gott. Jeder Mensch sehnt sich im Grunde danach, geliebt zu werden und selbst zu lieben. *Sehnsucht, 132*

Die Sehnsucht hält uns nicht fest. Sie weitet unser Herz und lässt uns frei atmen. Sie verleiht unserem Leben seine menschliche Würde. Sehnsucht, 19

Was man nicht muss

Wer sich selbst beschränken kann, stärkt sein Selbst. Denn er ist bei sich und nicht bei den Dingen, die seine Bedürfnisse befriedigen. Je mehr ich bei mir selbst bin, desto ruhiger wird meine Seele. Desto freier und glücklicher bin ich. *Tag, 38*

Alles zu seiner Zeit

Askese ist nicht einfach Verzicht, sondern ein bewusstes Einüben in die innere Freiheit. Dazu gehört auch der Verzicht. Ohne Verzicht, so sagen die Psychologen, kann das Kind kein starkes Ich entwickeln. Wer seine Bedürfnisse sofort befriedigen muss, wird nie erwachsen. Ich muss meinen Mangel aushalten. Dann werde ich meine Fähigkeiten entwickeln. Askese gibt mir das Gefühl, nicht einfach Opfer meiner Erziehung zu sein, sondern mein Leben selbst gestalten zu können. Askese stiftet Lust am Leben. Nur wer in der Askese lernt, ein Bedürfnis aufzuschieben, kann wirklich genießen. Askese steigert den Genuss, während Sucht uns daran hindert, wirklich zu genießen. *Sehnsucht, 136*

Souverän

Die eigene Grenze zu betonen, ohne sich rechtfertigen zu müssen, ist ein Weg, der uns zudem viel Energie und Kraft ersparen kann. *Tag, 120*

Haltung

Im Franziskanerkloster von Lyon steht eine Inschrift, die uns einen Weg weist, wie wir mit unserem Leben zufrieden sein können: »Hüte dich, alles zu begehren, was du siehst, alles zu glauben, was du hörst, alles zu sagen, was du weißt, und alles zu tun, was du kannst!« Wer alles möchte, was er sieht, der kommt nie zu sich selbst. Er macht das Glück von dem abhängig, was er hat. Und er sieht immer neue Dinge, die er nicht hat. Also wird er nie im Einklang sein mit sich selbst. Wer alles sagen muss, was er weiß, der setzt sich ständig unter Druck, noch dies oder jenes beizusteuern zum Gespräch. Er muss sein ganzes Wissen vor den Menschen ausbreiten. Und er wird nie das Echo erleben, das er ersehnt. Es braucht die Haltung, sich mit dem zu bescheiden, was das Herz mir sagt. Dann bin ich frei von dem Druck, alles sagen, alles tun, alles glauben zu müssen. *Einklang, 101*

Kein Deuteln

Nimm einfach wahr, was ist, und lass es so sein. Lass die Wirklichkeit, wie sie ist. Lass deine Vorstellungen los. Dann blühen die Dinge auf. Die Gelassenheit wird dich reich beschenken. *Tag, 150*

Maß und Mitte

»Lebe einfach, damit alle einfach leben können.« Mahatma Gandhis Wort hat zwei Bedeutungen. Ich soll eine einfache Lebensweise praktizieren, damit auch die anderen überhaupt leben können und das Lebensnotwendige für sich finden. Die einfache Lebensweise ist dann Ausdruck meiner Solidarität mit allen Menschen. Ich kann das Wort aber auch so verstehen: Ich soll einfach leben, damit das Leben, das von mir ausgeht, auch die anderen lebendig macht. Wenn ich einfach lebe, dann ist das eine Einladung für die Menschen in meiner Umgebung, es auch zu wagen, einfach zu leben. *Einklang, 131*

Hände frei

In der geistigen Tradition des Taoismus geht es vor allem um das Lassen. Ich soll die Dinge so lassen, wie sie sind, und nicht ständig störend eingreifen. Die Überzeugung der östlichen Weisen ist: In den Dingen selbst steckt eine innere Ordnung. Diese Ordnung verlangt vom Menschen ein ihr gemäßes Verhalten. Auf dem Hintergrund dieser Philosophie ist auch das chinesische Sprichwort zu verstehen: »Wenn du loslässt, hast du zwei Hände frei.« Wenn ich krampfhaft etwas festhalte, bin ich handlungsunfähig. Ich habe keine Hände, die handeln können. Denn sie sind mit dem Festhalten beschäftigt. Manchmal halte ich mit einer Hand etwas fest, manchmal auch mit beiden. Das Loslassen schenkt mir zwei freie Hände, mit denen ich das anpacken kann, was wirklich wichtig ist. Diese freien Hände ermöglichen es mir, etwas zu gestalten und zu formen, einem anderen die Hand zu geben, ihm meine Hände zu reichen, wenn er in Not ist, und ihn zärtlich zu berühren, wenn er der Liebe bedarf. *Einklang,73*

Mit Bedacht
Achtsamkeit in allem Tun, das gibt deinem Leben einen zarten Hauch. Da bist du ganz gegenwärtig, ganz eins mit dir und den Dingen. Aber diese Achtsamkeit ist uns nicht einfach geschenkt. Sie will täglich geübt werden. *Tag, 31*

Aus sich selbst
Einfachheit kann Echtheit und Authentizität bedeuten. Wenn wir von einem sagen, dass er einfach lebe, so meinen wir seine Klarheit, seine Eindeutigkeit. Er muss nichts aus sich machen. Er muss sich nicht besonders darstellen. Er ist einfach da. Er ist einfach. Er ist, wer er ist. Und so lebt er auch. *Einklang, 110*

*Nimm einfach wahr, was ist,
und lass es so sein.*

Achtsamkeit in allem Tun, das gibt
deinem Leben einen zarten Hauch.

Durchblick

Vereinfachen meint nicht, dass ich die Dinge zu einfach
nehme. Ich soll ihren komplexen Zusammenhang durchaus sehen. Aber ich soll das Komplizierte durchschau-
en und verstehen. Dann wird es für mich einfach. Und
es braucht dann einfache Worte, um die Wirklichkeit
zu beschreiben. Manche verkomplizieren das Einfache.
Oft tun sie es, um einer Entscheidung aus dem Weg zu
gehen. Sie machen alles kompliziert, damit sie einen
Vorwand haben, nichts tun zu müssen. Sie rechtfertigen
damit ihre Passivität. *Einklang, 125*

Überschaubar

Es ist klüger, sich weniger vorzunehmen und das dann
auch einzuhalten, als immer wieder mit schlechtem
Gewissen seinen nicht eingehaltenen Vorsätzen nachzu-
laufen. Die Ordnung muss für mich passen. Und dazu
bedarf es der Klugheit. Ich muss klug einschätzen, was
für mich realistisch ist, was mir guttut und worauf ich
mich täglich freuen kann. *Tag, 22*

Maßvoll sein

Es geht immer um das rechte Maß. Wenn ich immer nur um meine Sehnsucht nach Freiheit kreise, dann wird die Sehnsucht zu einer Sorge. Und wenn ich mich um meine Freiheit sorge, dann bin ich nicht frei. Frei werde ich nur, wenn ich ja sage zu mir selbst. Wichtig ist, dass ich mich aussöhne mit mir, so, wie ich bin.

Sehnsucht, 60

Den Schleier heben

Die Wahrheit ist einfach. Das haben schon die griechischen Philosophen gewusst, die das Eine und das Gute und das Wahre zusammensahen. Das Sein ist einfach. Die Wahrheit ist die Unverhülltheit des Seins. Für die Griechen bedeutet Wahrheit, dass der Schleier weggezogen wird, der uns das wahre Sein verhüllt. Hinter dem Schleier begegnet uns das Sein als etwas Einfaches, in sich Klares. Und es bringt uns in die Wahrheit und in die Einheit mit unserem wahren Wesen. *Einklang, 132*

VI

Freude in Fülle

Die Wunder im Alltäglichen

Freude – was ist das? Freude ist einfach. Es ist schön,
gesund zu sein und seinen Leib zu bewegen. Es macht
Freude, frei durchzuatmen. Und es ist eine Freude, die
täglichen Überraschungen des Lebens bewusst wahrzunehmen. *Tag, 106*

Vitamine

Es gibt Vergnügungssucht. Eine Sucht nach Freude gibt
es nicht. Vergnügen kann krank machen. Man wird
unersättlich. Freude erfüllt. Sie macht nicht krank, sie
macht gesund. *Tag, 105*

*Freude ist einfach. Es ist schön, gesund
zu sein und seinen Leib zu bewegen.*

Lebensenergie

Wenn Theologen von Freude sprechen, dann meinen
sie die Freude über die Erlösung und über die Liebe
Gottes. Die Lust als sinnliche Freude an den genüss-
lichen Dingen des Lebens, am Essen und Trinken und
an der Sexualität, wurde eher abgewertet. Wir haben
die Trennung der Stoa zwischen Geist und Trieb so
sehr verinnerlicht, dass auch unser Reden über die
Freude so unsinnlich und letztlich »sinn«-los geworden
ist. Freude ist aber eine aufbauende und heilende
Leidenschaft, die voller Leben ist, die vor Energie und

Lust am Leben sprüht. Epiktet versteht die Freude als Ausdruck des gesunden Menschen, des Menschen, der voller Selbstvertrauen und zugleich im Einklang mit Gott ist. *Herz, 136*

Die Freude ist im Augenblick

Es hat wenig Sinn, den Genuss auf später zu verschieben. Du weißt nicht, wie viel Gelegenheit dir noch zum Genießen bleibt. Es ist immer später, als wir denken. Unsere Zeit ist begrenzt. Dies galt früher, und es gilt heute. Wenn du ganz im Augenblick bist, wirst du entdecken, dass er dir alles bietet, was du erwartest: reine Gegenwart, Fülle des Seins, Schönheit und Leben. *Tag, 49*

Aufheller

Das heitere Herz ist immer auch ein weites Herz. Es ist voller Milde. Es urteilt nicht. Es verbreitet in seiner Umgebung Freude. Heiterkeit ist innere Klarheit. Nicht nur die wetterfühligen Menschen wissen aus eigener Erfahrung: Der heitere Himmel hellt auch das Gemüt des Menschen auf. Er tut ihm gut und fördert seine gute Laune. *Tag, 93*

Wenn du ganz im Augenblick bist, wirst du entdecken, dass er dir alles bietet, was du erwartest.

Ganz erfüllt sein

Ähnlich verhält es sich mit der Schönheit. Wer sich nach
Schönheit sehnt, der sehnt sich letzten Endes danach,
im Betrachten der Schönheit sich selbst zu vergessen,
teilzuhaben an der Schönheit, selbst schön zu sein.

Sehnsucht, 68f

Intensive Beziehung

Ich muss nur bewusst wahrnehmen, was ist. Dann ist
in mir Freude. Viele sehen nicht, was ist. Und sie sind
nicht in Beziehung zur Schöpfung, in die sie eingebettet
sind. Freude ist Ausdruck einer intensiven Beziehung.
Und Freude hat immer mit Schönheit zu tun. Die Schönheit der Schöpfung erzeugt von selbst in mir Freude.
Aber es braucht auch Offenheit dafür. Wenn ich bewusst die Schönheit der Schöpfung wahrnehme und
mich daran freue, dann tut das nicht nur dem Leib,
sondern auch der Seele gut, dann werden meine Augen
leuchten und das Leben in mir aufblühen. Ich habe
dann nicht den Eindruck, das Leben sei eine Last. Wenn
ich die Schönheit der Landschaft beachte, dann habe
ich in mir immer das Gefühl von Urlaub, von Freiheit
und Weite, von Freude und Dankbarkeit. *Herz, 174*

Freude in Fülle

Wenn wir offen sind, schenkt uns Gott in der Natur –
gerade im Frühling und im Sommer, wenn die Natur
in voller Blüte steht – immer wieder Augenblicke des
Glücks. Wir riechen, wir schmecken, wir hören und

wir schauen die Fülle des Lebens. Es ist das Glück, das uns von außen entgegenkommt. Aber die Natur zeigt uns noch einen anderen Weg zum Glück; sie ist nicht abhängig von irgendeiner Jahreszeit. Wenn wir die Fülle des Lebens in uns selbst zulassen, dann sind wir glücklich, dann sind wir im Einklang mit uns selbst. Glück ist Ausdruck erfüllten Lebens. Die Fülle des Lebens ist da. Wir müssen sie nur ergreifen und uns ihr öffnen. Die Rose blüht ohne Warum, sagt Angelus Silesius. Wenn wir wie die Rose einfach nur blühen, ohne uns zu fragen, warum, dann sind wir im Einklang mit uns selbst. *Einklang, 158*

Ich muss nur bewusst wahrnehmen, was ist. Dann ist in mir Freude.

Erfreuliches

Wer sein Leben genau plant, so dass alles so abläuft, wie er sich das täglich vornimmt, der mag darin eine gewisse Befriedigung finden. Doch die Freude entsteht eigentlich gerade dann, wenn etwas Unvorhersagbares eintrifft, wenn mich ein Freund nach langer Pause wieder anruft, wenn die Sonne auf einmal durch den Nebel dringt, wenn sich ein Problem von selbst löst, wenn eine gute Nachricht eintrifft. *Tag, 113*

Rückwirkend

Wenn wir nur um unsere Bedürfnisse kreisen, werden wir niemals zufrieden sein. Die Bedürfnisse sind wie ein Fass ohne Boden. Wenn ich aber von mir wegsehe, und wenn mir dann einfällt, was dem anderen eine Freude bereiten würde, dann bringt mich das von dem dumpfen Gefühl der Wertlosigkeit und Sinnlosigkeit weg. Ich habe auf einmal das Gefühl, ich kann etwas bewirken. Ich kann die Stimmung um mich herum verbessern. Und damit verwandle ich auch meine eigene Gefühlslage. Indem ich anderen eine Freude mache, wächst auch in mir wieder die Freude am Leben. Ich darf dem Gefühl trauen, dass es mir und dem anderen guttut. Das ist wohl ein inneres Gesetz der Freude, dass sie sich ausbreiten möchte, dass sie zum anderen hinströmt. Und indem sie zum anderen fließt, fließt sie auch auf mich zurück. *Herz, 52*

Der Freude Raum geben

Für den Tag ohne Ärger bist du selber verantwortlich. Es ist ein glücklicher Tag, wenn es dir gelingt, auf das, was dir von außen widerfährt, nicht ärgerlich oder depressiv zu reagieren, sondern mit innerer Heiterkeit.

Tag, 148

*Indem ich anderen eine Freude mache,
wächst auch in mir
wieder die Freude am Leben.*

Unbeschwert

Wir kommen nicht von allein in Einklang mit uns selbst.
Es ist eine Kunst, das Leben so zu leben, dass es für
uns stimmig ist. Immer wenn wir eine Haltung absolut
setzen, wird uns diese Haltung, auch wenn sie in sich
noch so gut ist, keinen Halt mehr geben, sondern uns
aus der Balance bringen. Es hat etwas Schwebendes an
sich, die Leichtigkeit des Seins zu leben, ohne leicht-
sinnig zu werden. Und es ist eine Kunst, heiter zu sein,
ohne dabei ausgelassen zu werden, Mut zu beweisen,
ohne übermütig zu werden. Diese schwebende Balance
können wir nie als festen Besitz verbuchen. Es braucht
vielmehr ein feines Gespür, das jeweils für uns passen-
de Gleichgewicht zu finden. Und es braucht Aufmerk-
samkeit, um darin zu bleiben. *Einklang, 78*

Zulassen, was kommt

Loslassen kann tatsächlich manchmal ganz schön schwie-
rig sein, und Gelassenheit ist eine Kunst, die keinem
in den Schoß fällt. Eine Kunst muss man erlernen. Das
ist oft – und keineswegs nur für junge Menschen –
nicht ganz einfach. Es klingt etwas eigenartig, dass man
für die Gelassenheit etwas tun sollte. Es ist doch kein

Tun, sondern ein Lassen. Aber gerade das Lassen im Tun zu üben ist die eigentliche Kunst. Ich wünsche gerade den Menschen, die viel zu tun haben, diese Kunst. Sie besteht darin, etwas einfach geschehen zu lassen. Was wir verbissen tun, wird keinen Segen bringen. Was in Gelassenheit geschieht, das lässt der, für den es geschieht, auch lieber in sich ein. Er wird sich darin nicht verbeißen, sondern das Gelassene auf seiner Zunge zergehen lassen. Und sich daran erfreuen. *Einklang, 44*

Freude ist immer die Zustimmung zum Augenblick.

Ja zum Auggenblick

Manche Menschen können sich nicht freuen, aus Angst, die Freude werde ihnen schon im nächsten Augenblick genommen. Aber das ist eben unser Anteil, dass wir uns freuen, solange es Zeit ist, dass wir aber auch bereit sind, das von Gott anzunehmen, was weniger angenehm ist. Freude ist immer die Zustimmung zum Augenblick. Ich kann mich nur wirklich freuen, wenn ich auch bereit bin, sie wieder loszulassen. Wer Freude festhalten will, der vertreibt sie oder verhindert sie schon im Vorhinein. *Herz, 143*

Erfrischung der Seele

Du kannst Freude nicht festhalten. Das wäre gegen das Wesen der Freude. Freude muss fließen, und nur der wird sie erfahren, der sich ihrem Fluss überlässt. Er kann die Freude nur genießen, wenn er darauf verzichtet, sie für sich zu haben und festzuhalten. Nur der spürt wirkliche Freude, der sich von seinem Ego, das immer haben und greifen möchte, distanziert. *Tag. 147*

Ein Lächeln im Innern

Freude ist letztlich immer eine Qualität der eigenen Seele. Eine Sache, über die ich mich freue, bringt mich nur in Berührung mit der Freude, die in mir ist. Letztlich ist es also immer Freude an sich selbst. Die Freude an mir selbst gehört mir. Sie kann mir daher auch niemand rauben. *Tag. 107*

VII

Bereit fürs Glück

Haben wollen

»Es gibt nur einen angeborenen Irrtum, und es ist der, dass wir da sind, um glücklich zu sein«. Von Arthur Schopenhauer stammt dieser Satz, und er scheint zu bestätigen, dass Schopenhauer ein hoffnungsloser Pessimist war. Dennoch steckt auch in diesem Satz ein Stück Wahrheit. Je mehr wir direkt das Glück wollen, desto weniger werden wir es erreichen. Ich kann das Glück nicht bewusst anstreben. Glücklich werde ich sein, wenn ich liebe, wenn mir etwas gelingt, wenn ich etwas erfahre, was mich tief berührt. *Glück, 50*

Willkommen

Ich kann nicht zum Glück kommen, um es zu erhaschen. Das Glück wird mich besuchen, wenn ich mich auf das Leben einlasse, wenn ich offen bin für das Überraschende, das das Leben für mich bereithält. *Glück, 51*

Kein Eigentum

Viele wollen das Glück besitzen, als ob sie ein Anrecht darauf hätten. Aber sie vergessen, dass man Glück immer nur als Geschenk entgegennehmen kann. Nur wenn ich es mir schenken lasse, wird es mich mit Freude erfüllen. Sonst kann ich noch so viele wertvolle Menschen kennen – und werde mich über ihre Nähe nicht freuen können. Ich kann noch so viele Güter besitzen. Sie werden mich nicht glücklich machen. *Tag, 112*

*Ich kann nicht zum Glück kommen,
um es zu erhaschen.
Das Glück wird mich besuchen.*

Der Fülle bewusst

Wir kennen im Deutschen den Ausdruck »wunschlos
glücklich«. Wenn einer ja sagen kann zu sich, so wie er
ist, und zu seiner Lebenssituation, dann kann das durchaus eine Voraussetzung für inneres Glück sein. Aber
nur der wird sich glücklich fühlen, der in sich einen
inneren Reichtum findet, den Reichtum des Geistes.

Sehnsucht, 32

Es geht um mehr

Wo ein Mensch sich sehnt, da kommt er mit seinem
Herzen in Berührung. Ich kann meine Sehnsucht zwar
auf kurzfristige Ziele richten, wie etwa auf den Gewinn im Lotto oder auf den Sieg meiner Fußballmann-
schaft. Aber auch in solcher Sehnsucht klingt immer
die Sehnsucht nach mehr mit, die Sehnsucht nach dem
Gelingen des Lebens, die Sehnsucht nach Glück.

Sehnsucht, 64

Inspirierend

Wir sehnen uns nach Erfüllung. Aber wenn wir uns erfüllt fühlen, erschlafft die Sehnsucht und mit ihr unsere Seele. Doch wenn wir die Erfüllung nicht festhalten wollen, sondern sie einfach nur genießen, dann weckt sie in uns neue Sehnsucht. Insofern ist die Erfüllung nicht immer der Feind der Sehnsucht. Darauf kommt es an: wie wir mit der Erfüllung umgehen, ob wir uns zufrieden zurücklehnen, oder ob wir uns von ihr auf neue Fährten weisen lassen. *Sehnsucht, 113*

Keine Illusionen

Menschen, die zu viel vom Leben erwarten, tun sich schwer damit, einverstanden zu sein mit ihrem Leben. Wer sich keine Illusionen über sein Leben macht und das Gelingen seines Lebens nicht von bestimmten Erwartungen abhängig sein lässt, ist im Einklang mit sich selbst. Und er kann innerlich heiter und gelassen sein und dankbar für die angenehmen Überraschungen, die ihm das Leben doch immer wieder bereitet. *Einklang, 100*

Einladung

Ich kann mich bemühen, meine Arbeit gut zu tun, damit sie mir gelingt. Ich kann mich der Musik überlassen, einen Spaziergang durch eine wunderschöne Landschaft machen. Wenn ich ganz in dem bin, was ich gerade tue, im Musikhören, im Wandern, im Schauen, im Schmecken, dann kommt das Glück zu mir. *Glück, 50*

Voraussetzung

Glück ist nicht machbar. Trotzdem sind wir in gewisser Weise für unser Glück verantwortlich. Wir sind dafür verantwortlich, ob wir ja sagen zu unserem Leben oder nicht. Aus dem bedingungslosen Ja zu uns, so, wie wir sind, und zu unserem Schicksal, strömt uns Glück entgegen. Glück kommt von Geschick. Ob unser Geschick gut ist oder nicht, hängt von unserer Deutung ab, hängt davon ab, ob wir es bejahen oder nicht. *Glück, 89*

Glück ist nicht machbar.
Trotzdem sind wir in gewisser Weise
für unser Glück verantwortlich.

Freie Hand

»Glück und Glas – wie leicht bricht das.« Es ist sprichwörtlich, Glück kann man nicht festhalten. Man kann es nur mit zärtlichen Händen empfangen, es ertasten und berühren. Wenn ich das Glück wie ein Glas ständig in der Hand halte, bin ich handlungsunfähig. So werde ich das Glück aus der Hand geben, es neben mich hinstellen, damit ich das zu tun vermag, was gerade ansteht, worauf ich Lust habe. Und wenn ich wieder möchte, werde ich das Glück wie ein kostbares Glas in die Hand nehmen und bestaunen. Wer es immer festhalten will, dem zerbricht es mit Sicherheit. *Glück, 98*

Jenseits der Angebote

Die Sehnsucht ist nicht der Feind der Erfüllung, sondern
sie ermöglicht es mir, die Liebe, die Geborgenheit, die
Begegnung, das Glück erst in seiner Fülle wahrzunehmen.
Weil das, was ich erlebe, nicht alles ist, sondern über
sich hinausweist auf die eigentliche Vollendung, kann
ich das, was ist, in Freiheit und innerer Freude genießen.
Ich muss den schönen Augenblick nicht krampfhaft
festhalten. Ich kann das Erlebte wieder loslassen. Es hat
mich berührt, und es hat Sehnsucht in mir geweckt.
Das bleibt in mir. *Sehnsucht, 78*

Glück ist Ausdruck erfüllten Lebens.

Möglichkeiten zum Glück

Glück ist Ausdruck erfüllten Lebens. Wenn du mit allen
Sinnen lebst, wenn du dich einlässt auf das Leben, dann
wirst du in deiner Lebendigkeit auch Glück erfahren.
Das Glück lässt sich nicht festhalten, genauso wenig wie
das Leben. Das Leben fließt immer weiter. Manchmal
fließt es durch finstere Täler, manchmal wird es zum
jähen Wasserfall. *Tag, 100*

Das Glück erkennen

Glück hat damit zu tun, uns selbst zu vergessen. Glück ist reines Sein. Immer wenn wir unser Glück allzu sehr begründen müssen, gehen wir am Glück vorbei. Wir brauchen viele Gründe, um uns glücklich zu fühlen, wenn wir nicht wirklich im Glück sind. Wer sich vergisst, wer ganz in dem ist, was er gerade tut, der ist glücklich. Es geht einfach nur um die Fähigkeit, da zu sein, ohne über sich nachzudenken, sondern einfach wahrzunehmen, was ist, was in mir ist, was um mich herum ist und wie ich in Gott bin.

Die Natur lädt uns ein zu dieser Fähigkeit, uns im Anblick der blühenden Schöpfung selbst zu vergessen und einfach nur mit unseren Sinnen wahrzunehmen, was sich uns an Schönheit offenbart. Wer sich in diese Schule nehmen lässt, der wird fähig, das Glück zu erfahren, das Gott ihm anbietet. Er wird lernen, dass viele Augenblicke des Lebens den Geschmack des Glücks in sich haben. *Einklang, 159*

Immer neu

Wer achtsam ist und jeden Augenblick als neu wahrnehmen kann, wie den ersten Tag der Schöpfung, der erlebt sich selbst nicht als entfremdet, er sieht die Wirklichkeit nicht als banal oder langweilig. Er schwingt mit dem Leben um sich herum mit und erlebt die Welt sozusagen im Zauber des Anfangs. *Einklang, 71*

Innere Harmonie

Wenn du ja sagst zu dir, so wie du bist, spürst du dich, spürst du Lebendigkeit und Weite. Was ist denn Erfolg? Wenn dir etwas glückt, bist du glücklich. Das Glück ist in dir. Du musst es nicht durch äußeren Erfolg erreichen. In Einklang zu kommen mit dir selbst, innere Harmonie zu erreichen, das macht glücklich. Und es strahlt nach außen. Wenn du dich selber anerkennst, musst du der Anerkennung nicht nachlaufen. Dann ist es nicht mehr so wichtig, was andere über dich sagen.

Tag, 140

In Einklang zu kommen mit dir selbst, innere Harmonie zu erreichen, das macht glücklich.

Ausstrahlung

Wer glücklich ist, wird sein Glück dadurch ausdrücken, dass er auch anderen etwas von seiner Freude mitteilt. Die Freude strömt weiter. Das Glück breitet sich aus. Das ist der beste Schutz gegen alles verletzende und wehtuende Verhalten, gegen das wir oft mit so viel Willenskraft vergebens kämpfen. *Glück, 145*

Im Gleichgewicht

Wer das Glück nicht in seiner Seele spürt, der läuft ihm in der Welt des Besitzes oder Erfolges vergeblich hinterher. Das Glück wohnt in der Seele, im inneren Bereich des Menschen. Dort, wo der Mensch mit sich im Einklang ist, wo er seine Einmaligkeit spürt, dort, wo er um seine göttliche Würde weiß, dort ist ein Glück, das ihm kein Misserfolg, kein Verlust und keine Ablehnung zu rauben vermag. *Glück, 175*

Aus sich heraustreten

Wenn ich mich auf Gott einlasse, wenn ich in Gott aufgehe, dann spüre ich auf einmal mein Ego nicht mehr. Und dann bin ich glücklich, weil ich auch vergessen habe, glücklich sein zu wollen. Ich habe mich bedingungslos eingelassen. Das hat mich befreit von dem Ego, das mir das Glück verstellt. Mich vergessen können, das ist die Gnade aller Gnaden. Das ist der königliche Weg zum Glück. *Glück, 85*

VIII

Dem Glück vertrauen

Meine Lehrerin

Die Sorge lässt mich mein Glück nicht genießen. Da ich
sie nie ganz ausschließen kann aus dem Haus meiner
Seele, soll sie wenigstens eine positive Aufgabe in meinem Seelenhaushalt übernehmen. Sie soll mir Klugheit
schenken. Die Sorge kann mich lehren, gut aufzupassen, dass mein Lebensglück nicht zerstört wird. Wenn
die Sorge mich zur Klugheit führt, dann hat sie ihre
Lebensaufgabe erfüllt. Sie erinnert mich immer wieder
daran, mein Lebenshaus auf festen Grund zu bauen
und nicht auf den Sand von Illusionen. *Einklang, 20*

Entschieden und gelassen

Wir sorgen uns zum Beispiel, ob es morgen beim Ausflug
regnet. Doch der Regen muss uns nicht beunruhigen.
Es kommt auf unser Urteil über den Regen an. Wenn
wir ihn positiv sehen, dann kann ein Ausflug auch im
Regen gelingen. Oder wir sind voller Unruhe, ob die
Entscheidung, die wir getroffen haben, richtig war oder
nicht. Doch nicht die Entscheidung ist das Problem,
sondern unsere Deutung. Wenn wir uns von einem Ideal
her definieren, nämlich dass unsere Entscheidungen
immer absolut richtig sein müssen, dann sind wir ständig in Sorge. Wenn wir aber nach bestem Wissen und
Gewissen entscheiden und alles andere Gott überlassen,
verliert sich die Sorge. *Einklang, 17f*

Vielleicht ohne Grund

Das deutsche Wort »Kummer« kommt vom mittelhochdeutschen »kumber«, das »Schutt, Müll, Mühsal« bedeutet. Im Kummer belastet uns viel seelischer Schutt. Doch dem seelischen Müll entspricht oft kein Schutthaufen draußen in der wirklichen Welt. Wir denken uns vielmehr die Hindernisse aus, die sich uns in den Weg legen könnten. Lachen befreit – auch von der Fixierung auf eigene Ängste. Vielleicht sind sie nur ein Phantom. *Einklang, 25f*

Die Sorge kann mich lehren, gut aufzupassen, dass mein Lebensglück nicht zerstört wird.

Bewertung

Abwarten kann Ausdruck von Unentschlossenheit, manchmal auch von Trägheit sein. Aber es kann auch eine Tugend sein – und manchen überflüssigen Ärger ersparen. Auf dem Schreibtisch des Gründers der Automobilfirma Chrysler, Walter Chrysler, stand eine Schachtel, in der er all das verwahrte, was ihm Sorgen bereitete. Nach einer Woche prüfte er, was von seinen Sorgen noch übrig war. Die meisten Dinge hatten sich von selbst gelöst, und andere hatte er in der Zwischenzeit einfach vergessen. Er begriff, dass die meisten Sorgen etwas von einem Schnupfen haben: Ob man ihm nun sieben Tage oder nur eine Woche gibt – das ist eine Frage der Einstellung. An den Tatsachen ändert es nichts. Ob man sich Sorgen macht oder nicht, bleibt sich gleich. *Einklang, 52*

Die meisten Sorgen haben etwas von einem Schnupfen: Ob man ihm nun sieben Tage oder nur eine Woche gibt – das ist eine Frage der Einstellung.

Wer überall Gruben sieht, fällt auch hinein

Ich habe den Eindruck, dass manche sich vor Entscheidungen drücken. Daher halten sie nach einem Hindernis Ausschau. Es gibt ihnen Grund genug, sich nicht entscheiden zu müssen. Ich merke, dass in mir dann oft Aggressionen aufsteigen. Manchmal meine ich, die Aggressionen seien Ausdruck meiner Ungeduld. Ich suche dann die Schuld bei mir. Da tat es mir gut, auf das Wort von Franz Kafka zu stoßen: »Verbringe nicht die Zeit mit der Suche nach einem Hindernis: Vielleicht ist keines da.« Von ihm fühle ich mich verstanden. So werde ich weiterhin mutig auf Entscheidungen drängen. Und bei allen Hindernissen, die im Gespräch angeführt werden, werde ich genau hinschauen, ob sie eher im Kopf der Gesprächspartner als in der äußeren Wirklichkeit vorhanden sind. *Einklang, 127*

Vorauseilende Besorgnis

Die Angst ist die Schwester der Sorge. Wir machen uns viele Sorgen, weil wir Angst haben, es könnte etwas eintreten, was uns überfordert. Ein chinesisches Sprichwort besagt, dass die Angst an die Tür unserer Seele klopft: »Die Angst klopft an die Tür. Das Vertrauen öffnet. Niemand steht draußen.« Die meisten werden die Sorge an die Tür schicken, um zu öffnen. Das Klopfen der Angst verdrängt in uns allzu oft das Vertrauen. Es traut sich nicht an die Tür. Das Sprichwort will uns einladen, das Vertrauen, das trotz aller Angst auch in uns ist, öffnen zu lassen. Keiner von uns hat nur Angst, keiner hat nur Vertrauen. Wir haben immer beides. Es ist unsere Entscheidung, wen wir zum Türöffner machen. Wenn das Vertrauen öffnet, werden wir die befreiende Erfahrung machen können, dass niemand draußen steht. Es war nur die Angst unserer Seele, aber niemand in der realen Welt, der da an unsere Tür geklopft hat. *Einklang, 22*

Einander zuwenden

Unserem normalen Sprachverständnis nach weist »Sorge« auf Kummer und Gram hin. Doch hat Sorge, wenn wir genauer hinhören, auch eine positive Bedeutung: Wir »sorgen« für einen Menschen und zeigen ihm dadurch unsere Zuneigung. Oder wir werden »umsorgt«. Wir gehen »sorgsam« mit den Dingen unseres Alltags um. Je mehr wir eine Sache schätzen oder lieben, desto mehr Sorgfalt lassen wir ihr angedeihen. Wir prüfen sorgfältig einen Sachverhalt, damit wir auch wirklich eine gute Lösung finden. Und alle würden darin übereinstimmen: Ohne Fürsorge kommt unsere Gesellschaft nicht aus. »Für jemanden sorgen zu dürfen – auch das ist eine Erfahrung des Glücks.« *Einklang, 33*

Gute Bekannte

Wir meinen in aller Regel, der andere sei schuld, wenn wir uns über ihn ärgern. Dass wir uns über einen anderen ärgern, können wir kaum verhindern. Aber wenn wir dem Ärger in uns zu viel Raum lassen, geben wir dem anderen Macht über uns. Der andere bestimmt unsere Stimmung. Wir lassen uns von ihm besiegen. Es hat wenig Sinn, den Ärger zu unterdrücken. Manche wollen ihren Ärger sofort loswerden. Aber was ich loswerden will, das wird mich nachträglich verfolgen. Auch hier geht es darum, loszulassen. Loslassen kann ich aber nur, was ich angenommen und angeschaut habe. Wenn ich den Ärger bewusst wahrnehme, dann kann ich mich auch von ihm distanzieren. Ich beschimpfe meinen Ärger nicht. Ich schaue ihn an und spreche mit ihm: »Da bist du wieder. Ich kenne dich. Du regst dich auf über den anderen. Lass ihn doch. Er darf doch so sein, wie er ist. Lebe du jetzt in diesem Augenblick ganz für dich.« So wird der Ärger eine Einladung, mich selber zu spüren und ganz im Einklang mit mir zu sein.

Einklang, 37f

Wenn ich den Ärger bewusst wahrnehme, dann kann ich mich auch von ihm distanzieren.

Nur für heute

Viele Menschen sind voller Sorge, ob sie mit ihrer Depression zurechtkommen, ob sie der Versuchung zur Verzweiflung oder Resignation widerstehen können. Ihnen gilt der Rat: Sorge nicht für morgen. Lebe jetzt in diesem Augenblick. Jetzt hast du genügend Kraft. Was morgen ist, das überlasse dem kommenden Tag. Oder aber überlasse es Gott, der dich auch morgen trägt.

Einklang, 53f

Sorge nicht für morgen. Lebe jetzt in diesem Augenblick.

Licht der Hoffnung

Ein Depressiver, der einen Lichttraum hat, beginnt zu genesen.
Wer in seinem Leben das Licht anzündet und den Sinn seines Daseins begreift, vertreibt die Angst, verscheucht seine Illusionen und bereichert sein Leben. *Sehnsucht, 119*

Begründete Zuversicht

Auch im Schmerz ist Leben. Und so kann in allem eine Ahnung von Glück sein, im Schmerz, der dich für den Bruder oder die Schwester öffnet, in der Freude, die du mit anderen teilst, in der Anstrengung, die du auf dich nimmst, um einen Gipfel zu besteigen, in der Entspannung, wenn du im Meer schwimmst. Überall, wo wirklich Leben ist, ist auch eine Spur von Glück. *Tag, 100*

Auch im Schmerz ist Leben. Und so kann in allem eine Ahnung von Glück sein.

Tag und Nacht machen das Leben

Manchmal fallen auch Schatten auf unseren Weg. Wir werden – ob wir wollen oder nicht – mit dem Tod eines lieben Bekannten konfrontiert. Wir werden krank. Es wird etwas schiefgehen. Gefühle wie Schmerz und Trauer, Wut und Ärger gehören genauso zu unserem Leben wie die Freude. Wir dürfen uns nicht unter Leistungsdruck stellen, als ob wir immer froh sein müssten. Negative Gefühle gehören genauso zu unserem Leben wie die gehobenen Gefühle. Wir sollen sie zulassen, ohne sie zu bewerten. Wer Schmerz zulassen kann, der kann sich auch intensiver freuen. *Herz, 324*

Die Fülle des Lebens kosten

Die Grenze unseres Todes ist eine Einladung, hier und jetzt bewusst und intensiv zu leben, den Geschmack des Lebens zu erahnen. Ich muss nicht alles in diese begrenzte Zeit hineinpressen. Wenn ich diese Grenze annehme, dann bin ich dankbar für jeden Augenblick. Ich erlebe ihn in seiner Fülle. In dieser kurzen Zeit, in der ich ganz gegenwärtig bin, habe ich teil an allem. In der begrenzten Zeit erlebe ich die Grenzenlosigkeit der Ewigkeit. *Tag, 122*

Scheiden tut weh

Abschied zu nehmen von einem geliebten Menschen, das tut weh. Auch wenn du dir noch so oft vorsagst, dass mit seinem Tod zu rechnen war, dass er einen schönen Tod gestorben ist, dem Schmerz des Abschieds kannst du nicht entrinnen. Er muss ausgehalten und durchlitten werden. Sein Zimmer, in dem er gewohnt hat, ist leer. Abschied kommt von Scheiden. Es hat dich so viel mit dem geliebten Menschen verbunden. Ihr wart in manchem zusammengewachsen. Jetzt ist er dir entrissen worden. Es ist, als ob ein Teil deines eigenen Leibes, deines eigenen Herzens abgetrennt worden sei. *Herz, 334*

Nachfolgen

Wie Gott das Leid zulassen könne, werde ich oft gefragt. Das Leid sei doch ein Beweis gegen Gott. Oft ist in solchen Fragen die Not sichtbar, wie man mit dem Leid umgehen solle, ohne dass man bitter werde. Christus ist selbst den Weg des Leidens gegangen und hat daher keine theoretische Antwort auf die Frage des Leids gegeben, sondern eine existenzielle. Er hat das Leid durchschritten und hat es auf diese Weise verwandelt. Das Leid gipfelt im Tod. Eine wichtige Botschaft des Christentums war die Botschaft von der Auferstehung, von der Überwindung des Todes. Wer einen Sterbenden begleitet, weiß um die Not des Sterbenden, aber auch derer, die ihn lieben. Auch für sie ist der Tod eine Herausforderung. Er kann sie verbittern und verhärten oder aber aufbrechen zu neuem Leben. *Herz, 339*

Regen der Seele

Weinen kann auch heilsam sein. Es kann dich innerlich befreien von der Trauer, die in dir ist. Doch wenn du aus Selbstmitleid weinst, dann bewegt sich nichts in deinem Innern. Du bleibst in deinem Weinen stecken – und machst dir nur das Gesicht nass. *Tag, 131*

Der alltägliche Weg, um mit sich in Einklang zu kommen, ist: sich auszusöhnen mit sich selbst.

Weckrufe

Es gibt viele Wege, sich mit den Kränkungen der Lebensgeschichte zu versöhnen. Wenn ich die Wunden meiner Lebensgeschichte als Entfacher meiner Sehnsucht verstehe, kann ich mich mit ihnen aussöhnen. Sie bleiben Wunden. Sie werden auch immer wieder wehtun. Aber ich versinke dann nicht in Selbstmitleid, sondern ich sage mir: »Die Wunde schmerzt. Aber im Schmerz komme ich in Berührung mit meiner Sehnsucht nach wirklicher Heilung, nach endgültigem Heilsein und Ganzsein.« Dann bin ich frei von dem Druck, meine Verletzungen so aufzuarbeiten, dass sie nicht mehr auftauchen. Sie dürfen sich in mir zu Wort melden. Sie erinnern mich immer wieder an die Sehnsucht, die in mir ist. Und sie bringen mich in Berührung mit meinem Herzen, in dem diese Sehnsucht lebt und das gerade durch die Sehnsucht lebendig ist und weit und voller Liebe. *Sehnsucht, 143*

Disharmonien überwinden

Der alltägliche Weg, um mit sich in Einklang zu kommen, ist: sich auszusöhnen mit sich selbst. Dieser Weg scheint nicht einfach zu sein. Aber wir müssen ihn immer wieder von Neuem gehen. Wir sind nie für immer mit uns versöhnt. Friedrich Nietzsche weiß um die Herausforderung, sich immer wieder neu mit sich zu versöhnen: »Zehn Mal musst du dich wieder mit dir selber versöhnen; denn Überwindung ist Bitternis, und schlecht schläft der Unversöhnte.« Ich muss mich immer wieder überwinden, mich mit mir zu versöhnen. Diese Überwindung stößt mir oft bitter auf. Aber es gibt keinen Weg, der daran vorbeiführt. Denn – so meint Nietzsche – wenn ich mich nicht versöhne, werde ich auch schlecht schlafen. All das Unversöhnte wird in der Nacht im Traum in mir hochkommen und mir eine unruhige Nacht bescheren. *Einklang, 106*

Beschwingt

Realismus und Bodenhaftung sind wichtig. Aber manchmal bräuchten wir auch etwas von der Leichtigkeit des Vogels. Er singt, auch wenn der Ast, auf dem er sitzt, bricht. Wie der Vogel, so hat auch unsere Seele Flügel. Sie kann uns über die alltäglichen Probleme hinweghelfen. Sie beflügelt uns und hilft so, alles von einer anderen Warte aus zu betrachten. Dann relativieren sich unsere Sorgen und Ängste. Mitten in unserer Angst, dass der Boden, auf dem wir stehen, schwankt, erheben wir uns mit unserer Seele zum Himmel. Dort kann uns die Angst nicht mehr erreichen. Der Rat zur Gelassenheit, der zu einem geflügelten Wort geworden ist, stammt von Don Bosco: »Fröhlich sein und die Spatzen pfeifen lassen!« *Einklang, 40*

Hervorbringung

Wenn Menschen sich aussöhnen mit ihren Wunden, dann können sie zu Quellen des Lebens werden. Dann kann sie gerade ihre Wunde befähigen, andere zu verstehen und zu begleiten. Oft entdeckt jemand dann erst seine eigentliche Berufung, spürt, was er auf dem Hintergrund seiner Lebensgeschichte für ein Charisma hat. Wenn es jemand fertigbringt, sich mit seiner Geschichte auszusöhnen, dann wird er auch erkennen, dass alles einen Sinn hatte. Auch das Schwere war nicht sinnlos. Es befähigt ihn jetzt, auf andere Weise zu leben, sensibler, intensiver, dankbarer und offener für die Menschen. *Herz, 301*

Wenn Menschen sich aussöhnen mit ihren Wunden, dann können sie zu Quellen des Lebens werden.

IX

Stille ist ein Schlüssel

Reise nach innen

Viele suchen in der Ferne die Heimat, die sie dort, wo sie wohnen, verloren haben. Doch letztlich sind sie auf der Reise nach sich selbst. In der Ferne suchen sie das, was eigentlich ganz nahe ist: das Geheimnis ihres eigenen Herzens, den inneren Raum, in dem sie wahrhaft zu Hause sein dürfen. *Sehnsucht, 39*

Suche die Stille.
Lärm ist wie Schmutz und Staub.

Halt ein – wo läufst du hin?

Alles, wonach du dich sehnst, ist schon in deinem Herzen. Es geht darum, vor dieser Wahrheit nicht davonzulaufen, sondern innezuhalten und sich ihr zu stellen. So paradox es klingt: Dieses Innehalten ist die Voraussetzung für jeden menschlichen und geistlichen Fortschritt. *Tag, 60*

Wellness für die Seele

Suche die Stille. Lärm ist wie Schmutz und Staub. Schweigen ist ein Bad der Seele. Es gibt kein intensiveres Reinigungsbad als das Schweigen. Schweigen ist ein Weg zur Ruhe des Herzens. *Tag, 64*

Energieverlust

Wer immer redet, dem entströmt seine innere Energie. Schweigen ist wie ein Schließen der Tür deiner Seele, damit die Glut in deinem Innern nicht ausbrennt und die Quelle der Kraft in dir nicht versiegt. *Tag, 64*

Ganz bei sich sein

Wenn du stillhältst, dann wirst du zuerst dir selbst begegnen. Da kannst du deine Unruhe nicht mehr nach außen verlagern. Du wirst sie in dir wahrnehmen. Denn nur wer seiner Unruhe standhält, kommt zur Stille.

Tag, 63

Wenn du stillhältst, dann wirst du zuerst dir selbst begegnen.

Konzertmeister des Lebens

Wenn ein Mensch sich der Stille überlässt, hört er in der Stille seiner Seele Töne aufsteigen. Töne, die aus ihm selber kommen. Das Herz soll zu diesen Tönen eine Melodie finden, zu der er sein Leben tanzt. Dein Herz hat diese Fähigkeit, aus den einzelnen Tönen, die in uns erklingen, eine Melodie zu formen. Die Melodie deines Lebens. Manchmal ertönen in dir schrille Klänge. Das Herz kann daraus eine Melodie bilden, nach der du tanzen kannst. *Tag, 68*

In Einklang kommen

Heraklit spricht von der Harmonie als dem Zusammenklang entgegengesetzter Elemente. In der Harmonie wird das Widerstreitende zur Übereinstimmung gebracht. Von der Musik hat Platon dies auf die menschliche Seele übertragen. Auch die Seele muss die verschiedenen Kräfte in sich zum Einklang bringen. Die stoische Philosophie spricht von Gott als dem eigentlichen Musiker, der die gegensätzlichen Kräfte des Kosmos zusammenklingen lässt. Clemens von Alexandrien wendet dieses Bild auf Christus, den göttlichen Logos, an: »Der Logos hat die Dissonanz der Elemente zum Wohlklang gebracht, damit der ganze Kosmos ihm zur Harmonie werde.« *Einklang, 64*

Gegengewichte

Die Spannung zwischen Wissen und Sehnsucht hält den Menschen lebendig. Aber sie kann ihn auch zerreißen und ihn an den Gegensätzen zugrunde gehen lassen. Die richtige Balance zu finden zwischen Wissen und Sehnsucht – darin besteht offensichtlich die Kunst des Lebens.

Wir brauchen beides: das Wissen und die Sehnsucht. Wer nur in seiner Sehnsucht lebt, kann sich daran verbrennen. Wer nur im Wissen lebt, für den wird alles kalt.

Wir brauchen die Sehnsucht, damit in die kalte Welt unseres Wissens Wärme hineinströmt. *Sehnsucht, 59*

Katalysator

Die Sehnsucht, die die Alten meinten, geht nicht der Erfahrung des Einsseins aus dem Wege, sondern gibt ihr die innere Spannung. Sie hält die Einheit lebendig und bewahrt sie davor, zu einem Einheitsbrei zu werden, in dem alles zerfließt. *Sehnsucht, 60*

Um in Einklang mit mir zu kommen, muss ich die Sorgen loslassen.

Echte Sehnsucht

Die echte Sehnsucht führt zur Aussöhnung – auch mit meiner Brüchigkeit und Begrenztheit. Die einengende und fesselnde Sehnsucht dagegen übergeht meine jetzige Realität. Ja, sie lehnt sie ab. Sie gibt sich erst zufrieden, wenn die Sehnsucht erfüllt wird. Damit aber nehme ich gar nicht wahr, dass ich jetzt im Augenblick schon alles habe, wenn ich nur ganz eins bin mit mir und mit Gott.

Sehnsucht, 60

Das Eine und Einfache

Um in Einklang mit mir zu kommen, muss ich die Sorgen loslassen. Denn Sorgen haben es an sich, mich zu quälen. Sie drohen, mich zu zerreißen. Sie hindern mich daran, mit mir eins zu werden. So muss ich sie loswerden, sie von mir werfen. »Einklang« und »einfach« haben dieselbe Wurzel. Es geht um das Eine und Einfache, um den einen Klang, der einfach tönt, und um die Kunst, die vielen Töne zu einem einzigen werden zu lassen. Wer in sich die vielen Töne zu einem einzigen Klang vereint, der ist einfach geworden. Und aus diesem Einssein heraus lebt er einfach, als einer und als einfacher Mensch. Er ist in sich klar und lauter geworden, durchsichtig auf das Eine hin. *Einklang, 8*

Solitär

In der Tiefe jedes Menschen erfährt er sich allein. Es gibt einen Grund in mir, in den die anderen nicht schauen und den sie nicht verstehen können. Aber diese Erfahrung der Einsamkeit isoliert mich nicht. Vielmehr gibt sie mir meine wahre Würde. Ich bin als Einsamer auch einzigartig. So, wie ich fühle, fühle nur ich. So, wie ich sehe, sehe nur ich. Wenn ich das bewusst erlebe, dann bin ich dankbar für mein Einsamsein. Denn ich spüre, dass ich gerade in meiner Einsamkeit und Einzigartigkeit etwas vom Wesen Gottes verstehe, der von sich sagt: »Ich bin, der ich bin.« In meinem Einsamsein spüre ich, was es heißt: »Ich bin. Ich bin einfach da. Ich lebe.« *Einklang, 97*

*In der Tiefe jedes Menschen
erfährt er sich allein.*

Zu sich kommen

Ein Weg, um mit sich in Einklang zu kommen, ist die
Einkehr. Wer bei sich selbst einkehrt, der entdeckt den
inneren Reichtum seiner Seele. Im Innern – so hat es
Augustinus erfahren – begegnen wir Gott. Denn Gott
ist uns innerlicher, als wir es uns selbst sind. Viele Menschen kehren lieber in eine Wirtschaft ein. Das kann
auch schön sein, wenn man nach langer Wanderung einkehrt und Erquickung erfährt. Doch die wahre Einkehr
geschieht in uns selbst. Manche meinen, diese Einkehr
sei entweder langweilig oder aber gefährlich, weil man
ja das innere Chaos entdecken könnte. Doch nur wer
es wagt, bei sich einzukehren, kann zur Einheit mit sich
gelangen und zum Einklang mit sich kommen. *Einklang, 99*

*Nur wer es wagt, bei sich einzukehren,
kann zur Einheit mit sich gelangen.*

Das wahre Gebet

Viele Menschen leiden heute darunter, dass sie nicht
mehr beten können. Ich rate ihnen, das Beten erst einmal zu lassen. Stattdessen sollten sie sich einfach still

hinsetzen, ihre Hand auf das Herz legen und spüren, was da an Sehnsucht in ihnen hochsteigt. Das ist schon Gebet. Die Sehnsucht ist das wahre Gebet.

In der Sehnsucht streckt sich ihre Seele nach Gott aus. Und Gebet ist nicht in erster Linie Bittgebet, auch nicht Dankgebet, sondern Sich-Ausstrecken nach Gott, Sich-Sehnen nach ihm, der unser Herz mit seiner Liebe und mit seinem Geist erfüllen kann. Wenn ich in der Sehnsucht Gottes heilende und liebende Nähe erahne, dann ist all das schon erfüllt, wonach ich im Bittgebet flehe. Dann bin ich frei von dem negativen Einfluss des Menschen, der mich verletzt hat. Dann ist Frieden in mir. Dann erfahre ich mich heil und ganz. Dann hat mich meine Angst nicht mehr im Griff. Die Sehnsucht führt mich in Gott hinein und erfüllt so, was der Sinn jeden Betens ist: eins zu werden mit Gott, in ihm Frieden und Heil, Freiheit und Liebe zu fahren. *Sehnsucht, 167*

Es braucht nur einen kleinen Schlüssel, um eine große Tür aufzusperren.

Am letzten Ende

Der Mensch ist erfüllt von einem unstillbaren Hunger nach absoluter Heimat, nach unbegrenzter Geborgenheit, nach dem verlorenen Paradies. Auch wenn sich das menschliche Verlangen äußerlich auf andere Ziele richtet, so ist das letzte Ziel immer unendlich. Auch bei Menschen, die sich selbst nicht als fromm oder gläubig bezeichnen, pocht diese Sehnsucht nach mehr, nach dem ganz anderen, nach dem, der allein genügt. Wenn wir unsere Wünsche und Sehnsüchte zu Ende denken, werden wir letztlich immer auf die Sehnsucht nach Gott stoßen. *Sehnsucht, 133*

Nur ein kleiner Schlüssel

Es braucht nur einen kleinen Schlüssel, um eine große Tür aufzusperren. Wir müssen nur das Schlüsselloch finden. Das ist für mich die Aufgabe des Schreibens, dass ich mit einfachen Worten die Tür aufschließe zum wahren Leben. Natürlich habe ich immer wieder das Gefühl, dass ich den passenden Schlüssel noch nicht gefunden habe. Aber ich weiß, dass dieser Schlüssel ganz klein sein kann, ganz unscheinbar. Und doch geht auf einmal die Tür auf und ich betrete neue Räume, den Raum der Wahrheit und der Liebe, den Raum meines eigenen Innern, in dem zugleich Gott selber wohnt. *Einklang, 130*

X

Leben ist geschenkte Zeit

Aufmerksam und ruhig

Lass dich nicht anstecken vom Geist des »Sofort«. Lerne beharrlich zu werden, lerne zu bleiben, übe dich in der Tugend des »Dranbleibens«. Dann wird deine Seele innere Festigkeit gewinnen. Und dein Leben wird gelingen. *Tag, 44*

Nicht hier

Hetzen kommt von hassen. Es ist gut, sich immer wieder zu fragen: Warum laufe ich eigentlich so schnell? Was will ich alles erledigen? Warum hetze ich mich? Hetze ich mich, weil ich mich hasse? Oder laufe ich so schnell, weil ich zu viel auf einmal will? Aber was will ich wirklich? Was ist meine tiefste Sehnsucht? *Tag, 70*

Warum laufe ich eigentlich so schnell? Was will ich alles erledigen?

Reifen lassen

Geduld und Warten gehören zu einem menschlichen Leben. In der Geduld steckt auch die Kraft, auf Veränderung und Verwandlung hinzuarbeiten. Aber in der Geduld hat auch die Zeit einen wichtigen Platz. Wir lassen uns und den andern Zeit, dass sich etwas wandeln kann. *Tag, 45*

Weit werden

Die »Warte« ist der Ort der Ausschau, der Wachtturm.
Warten meint also: Ausschau halten, ob jemand kommt,
umherschauen, was alles auf uns zukommt. Warten
kann aber auch heißen: auf etwas Acht haben, etwas
pflegen, so wie der »Wärter« auf einen Menschen auf-
passt und auf ihn Acht gibt. Warten bewirkt beides in
uns: die Weite des Blickes und die Achtsamkeit auf den
Augenblick, auf das, was wir gerade erleben. Warten
macht das Herz weit. Wenn ich warte, spüre ich, dass
ich mir selbst nicht genug bin. Jeder von uns kennt das,
wenn er auf einen Freund oder eine Freundin wartet.

Sehnsucht, 172

In Vorfreude

Wenn wir warten können, bis unser Bedürfnis erfüllt
wird, dann halten wir auch die Spannung aus, die das
Warten in uns erzeugt. Das macht unser Herz weit.
Und es schenkt uns überdies das Gefühl, dass unser
Leben nicht banal ist. Dann erkennen wir: Wir sind
mehr als das, was wir uns selbst geben können. Warten
zeigt uns, dass das Eigentliche uns geschenkt werden
muss. *Sehnsucht, 173*

Achtsam sein

Der gewinnt am meisten Zeit, der in jedem Augenblick ganz präsent ist. Für den gibt es keine verlorene Zeit. Für den ist jede Zeit erfüllte Zeit. Ganz gleich, ob er arbeitet oder nichts tut, ob er liest oder Musik hört, ob er spazieren geht oder mit seinen Kindern spielt, er ist ganz in dem, was er tut. Er spürt das Geschenk der Zeit, für ihn ist alles geschenkte Zeit. Für ihn ist jede Zeit freie Zeit, Zeit zu leben. *Tag, 43*

Der gewinnt am meisten Zeit, der in jedem Augenblick ganz präsent ist.

Tag für Tag

Wenn Sorgen über die Zukunft deinen Tag beschweren, wende dich bewusst dem Heute zu. Heute entscheidet es sich, ob du lebst oder nicht, ob du da bist oder nicht, ob du dich auf den Menschen vor dir einlässt oder nicht, ob du etwas anpackst oder nicht. Das Heute gut zu bewältigen – das ist die eigentliche Herausforderung für das Leben. *Tag, 23*

Interpretationen

Wir sind verantwortlich dafür, mit welcher Stimmung wir die Zeit verbringen, mit Angst oder Vertrauen, mit Freude oder Trauer, mit Sorge oder Zuversicht. Auch hier hängt es von der Deutung ab, die wir dem Leben geben. Wenn wir alles negativ sehen, dann werden wir unsere Zeit weinend verbringen. Wenn wir uns zu viele Sorgen machen, dass unsere Vorstellungen vom Leben auch eintreffen, dann wird das Leben anstrengend. Denn wir haben nie die Sicherheit, dass sich unsere Wünsche erfüllen. Wenn wir uns aber dem Leben überlassen, im Vertrauen, dass es gut ist, wie es ist, dass es gerade so sein darf, wie wir es erleben, dann können wir jeden Augenblick genießen. *Einklang, 50*

Zeit gestalten

Wie jemand mit seiner Zeit umgeht, darin zeigt sich sein Wesen. Wer sich Zeit lässt, den verlässt die Zeit nicht. Wer seine Zeit strukturiert, für den wird die Zeit fruchtbar. Doch wem die Zeit langweilig wird, empfindet sie als Last. Lebenskunst besteht darin, mit meiner Zeit gut umzugehen, sie zu nutzen und sie zugleich zu genießen. Es gibt eine Zeit, zu arbeiten, und eine Zeit, zu ruhen. Jede Zeit will wahrgenommen und bewusst gelebt werden. *Herz, 7*

Oasen

Viele Leute stopfen auch den Sonntag mit Aktivitäten zu. Sie verfälschen damit den Sinn des Sonntags, an dem wir uns bewusst abgrenzen von anderen und den Aufgaben und Erwartungen, die uns von außen angetragen werden. Wenn alle Zeiten gleich sind, werden sie gleich sinnlos. Wenn der Sonntag wie der Alltag wird, wird auch der Alltag seines Sinns entleert. *Tag, 57*

Heute lebe ich

In Gesprächen erfahre ich immer wieder, wie viele Menschen daran leiden, nicht wirklich gelebt zu haben. Sie haben den Eindruck, dass sie bisher immer nur Erwartungen anderer erfüllt, aber nie wirklich das gelebt haben, was in ihnen ist. Sie sind am Leben vorbeigegangen. Und jetzt haben sie den Eindruck, dass es zu spät ist, den Weg zurück in ihr Leben zu finden. Doch es ist nie zu spät. Es geht nicht darum, der Vergangenheit nachzutrauern. Jetzt, in diesem Augenblick, bin ich fähig, ganz zu leben. Ich muss dabei nicht alles anders machen. Es genügt, mit mir selbst in Berührung zu sein und zu leben. Wenn ich diesen Tag bewusst lebe, dann kann ich am Abend mit dem römischen Philosophen Seneca sagen: »Wer jeden Abend sagen kann ›Ich habe gelebt‹, dem bringt jeder Morgen einen neuen Gewinn.« Wenn ich heute wirklich lebe, wird auch der morgige Tag gelingen. *Einklang, 77*

> Das Ziel des Lebens ist nicht,
> möglichst viel zu arbeiten,
> sondern zu leben.

Den Tag loslassen

Zu den Tröstungen des Lebens gehört der Schlaf. Wenn wir uns im Schlaf selber loslassen, dann hat der Schlaf eine heilende Wirkung. Die Schmerzen über die Verletzungen des vergangenen Tages werden schwächer. Wir spüren sie noch, aber sie stechen nicht mehr. Für Menschen, die an Schlaflosigkeit leiden, hilft kein Trick, die Schlaflosigkeit möglichst schnell loszuwerden. Der einzige Weg, der langsam zur Wandlung führt, ist: die Sorge um den eigenen Schlaf loszulassen. Dann dürfen wir vertrauen, dass der Körper sich die Ruhe nimmt, die er braucht. *Einklang, 57f*

Zeit ist immer geschenkte Zeit.

Zusammenkommen

Ich soll mir kein kompliziertes spirituelles Gebäude errichten. Entscheidend ist, dass ich jetzt in diesem Augenblick ganz gegenwärtig bin und spüre, was dieser Augenblick von mir erwartet. Es kommt darauf an, sich auf diesen Augenblick, auf diesen konkreten Menschen vor mir einzulassen. Und entscheidend ist dabei immer die Haltung der Liebe. *Einklang, 141*

Nutzen der Zeit

Indem du dir Zeit lässt, brichst du aus der Herrschaft der Zeit aus. Du nimmst die Zeit wahr. Du genießt sie. Die Zeit ist dir geschenkt. Du lässt allen Druck los. Du lässt die Zeit fließen und nimmst sie wahr. Zeit ist immer geschenkte Zeit. Zeit, die Gott und die dir selbst gehört, in der du dir und deinem wahren Selbst gehörst. *Tag, 43*

Quellenverzeichnis

Anselm Grün, *Lass die Sorgen, sei im Einklang / Kleines Buch vom inneren Einklang.* Verlag Herder, Freiburg im Breisgau, 2011. *(= Einklang)*

Anselm Grün, *Das Herz des Tages.* Kreuz Verlag, Stuttgart, 2004. *(= Herz)*

Anselm Grün, *Bleib deinen Träumen auf der Spur / Das kleine Buch der Sehnsucht.* Verlag Herder, Freiburg im Breisgau, 2009. *(= Sehnsucht)*

Anselm Grün, *Jeder Tag ein Weg zum Glück.* Verlag Herder, Freiburg im Breisgau, 2005. *(= Tag)*

Im Verlag Herder sind erschienen:

ISBN 978-3-451-30632-7

ISBN 978-3-451-30631-0

ISBN 978-3-451-30634-1

ISBN 978-3-451-30633-4